本书由河北省社会科学基金项目资助（项目编号：HB13GL035）
本书由河北经贸大学会计学院河北省重点学科会计学学科建设基金资助

我国财务困境公司重组选择及恢复研究

WOGUO CAIWU KUNJING GONGSI CHONGZU
XUANZE JI HUIFU YANJIU

和丽芬　王传彬　朱亮峰　著

西南财经大学出版社

图书在版编目(CIP)数据

我国财务困境公司重组选择及恢复研究/和丽芬,王传彬,朱亮峰著.—成都:西南财经大学出版社,2014.1
ISBN 978 - 7 - 5504 - 1273 - 6

Ⅰ.①我… Ⅱ.①和…②王…③朱… Ⅲ.①上市公司—企业重组—研究—中国 Ⅳ.①F279.246

中国版本图书馆 CIP 数据核字(2013)第 280704 号

我国财务困境公司重组选择及恢复研究
和丽芬　王传彬　朱亮峰　著

责任编辑:刘佳庆
助理编辑:孙志鹏
封面设计:杨红鹰
责任印制:封俊川

出版发行	西南财经大学出版社(四川省成都市光华村街55号)
网　　址	http://www.bookcj.com
电子邮件	bookcj@foxmail.com
邮政编码	610074
电　　话	028 - 87353785　87352368
照　　排	四川胜翔数码印务设计有限公司
印　　刷	郫县犀浦印刷厂
成品尺寸	170mm × 240mm
印　　张	11.25
字　　数	200 千字
版　　次	2014 年 1 月第 1 版
印　　次	2014 年 1 月第 1 次印刷
书　　号	ISBN 978 - 7 - 5504 - 1273 - 6
定　　价	38.00 元

1. 版权所有,翻印必究。
2. 如有印刷、装订等差错,可向本社营销部调换。

前　言

世界上任何一个国家和地区，在其经济发展过程中都会遇到各式各样的问题。其中，企业财务困境是市场经济所面临的一个严峻的挑战。每年，各国都有很多企业由于各种原因而陷入困境，甚至破产。我国自20世纪90年代初沪深两个证券交易所成立至今，证券市场历经初创、试验、规范、转轨进而进入当前的重塑阶段。伴随着证券市场的发展，大部分上市公司也迅速成长。但是，也有一部分上市公司由于经营或其他原因而导致财务困境。可以说，财务困境是每一个企业在经营过程中都可能会遇到的问题，也是财务学研究的热点问题。但迄今为止，相关研究主要聚焦于如何构建更为精确的财务困境预测模型，对于公司陷入困境之后的恢复问题的研究则非常贫乏。公司陷入财务困境可能会遭遇股价下跌、退市甚至面临破产和倒闭，给股东、债权人、员工和国家等造成巨大损失。那么，究竟是什么原因引发财务困境？陷入财务困境的公司如何才能够尽快摆脱困境并恢复正常经营？如何提高财务困境恢复公司的绩效能力和水平？这些都是当前市场经济环境下需要亟待研究和解决的问题。

本书首先从财务困境公司的现实制度背景出发，分析我国证券市场严格的IPO制度、新退市制度与ST、*ST制度以及证券市场历史所造就的法人大股东集中控制，依据财务困境形成理论、重组之于财务困境恢复理论，解释财务困境公司频繁重组的客观现实及其本质，确定基于重组选择视角的财务困境恢复研究理论框架。在此基础上，利用logistic回归、因子分析法、多元线性回归等方法，探讨重组行为选择对财务困境恢复的影响、对财务困境恢复预测的作用。研究发现：重组是财务困境公司恢复和摆脱困境的最主要手段，财务困境公司重组的时间、成本、行为选择方式均对困境恢复产生影响。重组时间越早、成本越高，财务困境恢复的可能性就越大。资产置换与股权转让重组选择对财务困境恢复具有促进作用，兼并收购与债务重组等重组选择方式则不利于财务困境公司的恢复。重组方式的引入能够改善财务困境恢复预测模型的准确率，财务困境公司的财务能力、公司治理也对恢复预测产生较显著影响。最后，本书实证分析了财务困境公司内部控制质量提升及其影响，发现内部控制不仅影响公司财务困境的产生，而且其对财务困境恢复同样具有相应作用。依据研究结论，本书分别从困境公司及其控股股东、投资者和监管机构角度提出包括关注资产重组效率、提高困境公司内部控制水平、强化公司治理等建议。

本书立足于我国证券市场的ST或*ST公司，初步确立了财务困境公司行为选择及恢复研究的基本思路，并力图在以下方面有所创新：第一，理顺我国现有财务困境研究文献的分类关系，构建以事前预警研究、事中自身研究和事后恢复性研究为支撑的财务困境研究体系，界定财务困境研究的三类九层，并探讨未来不同层次学者应关注的领域，为后续研究提供指导；第二，在财务困境恢复预测中全面考虑财务与公司治理因素，并以此为基础引入重组选择指标，分别以静态样本与动态样本构建恢复预测模型，提高财务困境恢复预测的准确率及模型拟合优度水平，为投资者、债权人、公司管理者等相关利益群体的决策提供支持；第三，研究财务困境公司的内部控制质量提升及其影响，为财务困境公司的内部控制建设和发展提供依据。

全书共7章内容和2个附录：第1章 绪论；第2章 文献综述及研究框架体系；第3章 制度背景与理论分析；第4章 我国财务困境公司的重组行为选择及其影响；第5章 基于重组行为选择的财务困境恢复预测研究；第6章 我国财务困境公司内部控制质量提升及其影响；第7章 结论及政策建议；附录1 财务困境公司重组行为选择案例；附录2 样本公司情况。本书写作的具体分工如下：和丽芬负责总体框架设计并撰写第1章、第3章、第4章、第5章、第7章；王传彬负责数据搜集与案例整合并撰写第6章及附录1；朱亮峰负责文献整理并撰写第2章。此外，河北师范大学财务处的徐莉芹同志、河北省人民医院财务处的陈永峥同志也积极参与了本书的数据搜集与参考文献梳理工作。

本书为笔者承担的2013年河北省社会科学基金项目"上市公司财务困境恢复研究"的最终成果（项目编号：HB13GL035），由河北省社会科学基金、河北省重点学科会计学学科建设基金资助。在本书撰写过程中，我们参考了很多国内外学者的著作和成果，由此获得启发并进行借鉴，在此向这些文献的原作者表示衷心感谢。由于我们的水平有限，加之财务困境恢复研究在我国还是一个比较新的研究角度，直接文献较少，需要后续多方位、多角度的思考，使得书中难免存在缺陷，希望广大读者予以批评和指正。

和丽芬

2013年12月

目 录

1 绪论 / 1
1.1 概念界定 / 1
1.2 研究背景及问题提出 / 6
1.3 研究意义 / 17
1.4 研究内容及框架 / 18

2 文献综述及研究框架体系 / 20
2.1 文献综述 / 20
2.2 研究体系 / 24
2.3 本章小结 / 34

3 制度背景与理论分析 / 35
3.1 制度背景 / 35
3.2 理论分析 / 41
3.3 本章小结 / 46

4 我国财务困境公司的重组行为选择及其影响 / 47
4.1 文献回顾 / 47

4.2 研究假设 / 48

4.3 样本选取与数据来源 / 50

4.4 样本公司的重组选择 / 53

4.5 实证分析 / 58

4.6 本章小结 / 68

5 基于重组行为选择的财务困境恢复预测研究 / 69

5.1 文献回顾 / 69

5.2 研究假设 / 71

5.3 研究设计 / 73

5.4 实证结果 / 77

5.5 本章小结 / 104

6 我国财务困境公司内部控制质量提升及其影响 / 105

6.1 文献回顾与研究假设 / 105

6.2 研究设计与样本选择 / 107

6.3 实证分析 / 111

6.4 本章小结 / 116

7 结论及政策建议 / 117

7.1 研究结论 / 117

7.2 政策建议 / 119

7.3 主要贡献 / 121

7.4 研究局限及后续研究方向 / 121

附录 1　我国财务困境公司重组行为选择案例 / 123

附录 2　样本公司情况 / 140

参考文献 / 159

后　记 / 174

1 绪论

1.1 概念界定

1.1.1 财务困境及恢复

1.1.1.1 国外学者的研究界定

国外学者研究中对财务困境的理解主要包括五个方面：①破产；②现金流不足；③失败；④亏损；⑤连续负 Z 值。

自 Altman（1968）《财务比率、判别分析和公司破产预测》一文开始，"破产"逐渐被纳入财务困境概念框架。Aharony、Jones（1980），Frydman、Altman 和 Kao（1985），Aziz、Emanuel 和 Lawson（1988），Aziz、Lawson（1989），Harland（1994），Cecilia（2003）均采用了"破产"、"申请破产"或"已破产"来表述公司财务困境状况。

与破产比较相近的概念是现金流不足。Wruck（1990）、Datta（1995）、Ward 等（1997）分别将"经营现金流不足"和"由于现金不足而导致贷款违约"界定为财务困境；Rose 等（1999）认同"经营现金流不足以抵偿到期债务的状态"为财务困境，并从现金流不足、流动资金不足、债务比例失衡、资本结构失衡来表述财务困境表现；Turetsky 等（2001）也基于现金流量角度讨论该问题，他们认为"持续经营的现金流量急剧下降是财务困境开始的信号"。

Deakin（1972）、Blum（1974）研究了公司的"失败"。Deakin（1972）认为"失败"包括破产、无力偿债或受迫于债权人利益的清算；Blum（1974）也认同"失败"是不能偿付债务、进入破产程序或与债权人达成债务减少协定。Argenti（1976）、Zimijewski（1984）、Crapp、Srevenson（1987）把以上"公司失败"的研究界定为"财务困境研究"。

Chalos（1985），DeAngelo（1990）将亏损界定为财务困境，Hill、Perry 和 Andes（1996），Kahya、Theodossiou（1996）以"累计亏损次数"作为财务困境判断标准；Platt 等（2002）认为财务困境是"连续几年负的经营收入"，其实质也是亏损概念。

Altman、Haldeman 和 Narayanan（1977）使用 Z 值模型判断企业是否陷入财务困境，Shrieves 和 Stevens（1979），Taffler（1983），Sudarsanam 等（2001）也使用 Z 值来定义财务困境，即"如果企业在两个年度连续的负 Z 值后有一个最低 Z 值年度，则企业处于困境之中"。

也有学者从另外角度进行的阐释，Lau（1987）根据财务困境程度将其划分为5种不同状态：财务稳定、减少股利、债券违约、处于《破产法》保护之下、破产和清算；Altman（1993）将财务困境分为四种情形：失败、无偿付能力、违约、破产；Morris（1997）总结了企业陷入财务困境的 12 条标志；Jones、Hensher（2004）在财务困境概念中引入"无法支付每年的上市交易费用和经营所需营运资金而被迫筹资"和"为偿债而调整资本结构"。但是，比较经典、一直为后续研究者所使用的财务困境概念主要是前五种理解。

由于对财务困境的理解不同，导致国外学者对财务困境恢复的解释也存在差异，但主要立足于两个方面：①从《破产法》第 11 章中走出来；②亏损转为盈利。Bibeault（1982），Hong（1984）将重组成功与破产清算作为区分恢复与未恢复公司的标准，Robbins（1992），Yehning、Weston 和 Altman（1995），Chatterjee 等（1996），Ashta、Tolle（2004）也分别将从《破产法》第 11 章中成功重组的公司定义为财务困境恢复公司；而 Lai、Sudarsanam（1997），Barker、Patterson 和 Mueller（2001）却阐释了不一样的理解，他们将连续亏损转为连续盈利定义为财务困境恢复，DeAngelo 等（2002），Lasfer、Remer（2010）在选择恢复样本时也认同 3 年亏损转为连续 3 年盈利是界定财务困境恢复的标准。

1.1.1.2 国内学者的研究界定

国内学者对财务困境的界定从最初的多种解释并存到后来基本一致。吴世农、黄世忠（1987）在《企业破产的分析指标和预测模型》一文中将企业破产界定为"由于企业不能偿还到期债务而丧失法人资格的事件"，并从"资产变现能力低，负债状况不合理，资产使用效率低，盈利能力低"四个方面解释企业破产的原因。吕长江、周现华（2005）将该研究界定为我国较早的财务困境预测研究。可以看出，我国最初对财务困境的理解与国外相同，都是以企业的破产行为作为其陷入财务困境的标志。

之后，国内学者对财务困境的理解开始多元化：谷祺、刘淑莲（1999）将财务危机视为"企业无力支付到期债务或费用的一种经济现象，包括从资金管理技术性失败到破产以及处于两者之间的各种情况"的解释也被后来的很多研究者界定为财务困境研究（杨继伟，2007；赵丽琼，2010；赵冠华，2010）；傅荣、吴世农（2002）沿用 Deakin 等的说法，从失败角度界定财务困境，将"连续2年净资产收益率低于0"视为企业失败。刘景瑞等（2002）也使用"失败"来界定财务困境；吕长江、韩慧博（2004）认为财务困境必须满足两个条件：①连续两年流动比率小于1；②两年中至少有一年的营业利润小于零；吕长江、徐丽莉，周琳（2004）还将"流动资产小于流动负债"定义为财务困境，具体选择财务困境样本时，要求"至少连续两年出现过0.8<流动比率<1"的情况；李秉祥（2004）以"资不抵债"作为上市公司陷入财务困境的标志；章之旺（2008）曾使用"债务违约"来界定财务困境。

可以看出，以上学者对财务困境的理解多是以国外的界定为依据，基本上涵盖"破产"、"失败"、"流动性不足"、"亏损"等内容，但没有形成对财务困境统一的公认标准。

1999年，陈静首次采用27家ST公司与27家非ST公司连续三年的财务数据对公司财务恶化进行预测，取得较好的效果。虽然其研究中没有明确提出"财务困境"，但乔卓（2002）、章之旺（2004）、张培莉（2005）、孙铮（2008）、赵国忠（2009）以及其他一些学者都将其视为财务困境研究。之后，将上市公司被特别处理（ST、*ST)[①] ①，特别是由于财务状况异常而被特别处理作为上市公司陷入财务困境的标志逐渐成为我国众多财务困境研究学者的惯例。吴世农、章之旺（2005），吕峻（2006），鲜文铎、向锐（2007），田菁（2008），潘越等（2009），廖义刚等（2010），徐全华（2011），章铁生、徐德信、余浩（2012）等众多学者均认同这种界定，并在自己的研究中将ST、*ST公司看做是陷入财务困境的公司。

不同于财务困境初始理解的多元化，我国学者对财务困境恢复的界定非常统一。中国特别处理制度为财务困境公司的恢复研究提供了宝贵的数据资料，尽管研究数量非常有限，但现有研究全部是以ST或*ST的摘帽为困境恢复界定标准。（赵丽琼，2008、2009），路璐（2010），颜秀春、徐晞（2012）在财务困境恢复样本的确定上均采用了以上方法。

---

① 2003年5月8日开始，证交所将对公司股票实行特别处理，包括两类：（1）终止上市风险的特别处理（简称"退市风险警示"，启用新标记*ST）；（2）其他特别处理（ST）。自此，ST成为其他特别处理（ST）和退市风险警示（*ST）的统称。

1.1.1.3 本书的研究界定

从国内外概念分析看，西方学者对财务困境界定标准主要集中在破产、现金流不足、失败、亏损、连续负 Z 值几方面，尤其是破产这一标准，应用较多。因为西方有比较完善的破产法体系，以申请破产来界定财务困境的方法比较统一，且具有可操作性。我国的《破产法》实施较晚，1986 年颁布《中华人民共和国破产法（试行）》，当时我国的资本市场尚未建立，该破产法只适用于全民所有制企业。2007 年 6 月新《破产法》实施，适用范围扩大到包括所有类型企业，也包括上市公司。新《破产法》规定："企业法人不能清偿到期债务，并且资产不足以清偿全部债务或者明显缺乏清偿能力的，依照本法规定清理债务"。从 1989 至 2009 年，我国企业破产累计突破 7.5 万件，但破产率仅为 0.1% 左右，与国际 1% 的正常破产率水平差距很远，上市公司至今未有一家破产。因此，以申请破产作为财务困境标准在我国不具有可操作性。其他诸如"失败"、"流动性差"等，不同学者认定的标准又不统一，不能形成一致的意见，故而这些界定方法也不合适我国的现实情况。

我国证券市场因财务状况异常而被特别处理（ST 和 *ST）的公司大多是由于"最近两年连续亏损"或"最近一个会计年度股东权益低于注册资本"所导致，这种特别处理政策很大程度上是基于财务方面的；同时，正如陈晓（2000）所说："特别处理是一个客观发生的事件，有很高的可量度性，从摆脱特别处理的公司看，大部分公司是通过大规模资产重组才摘掉帽子的，这说明特别处理确实在一定程度上反映出公司陷入了财务困境"。鉴于此，本书沿袭国内学者研究的惯例，以由于财务状况异常而被特别处理（包括 ST 和 *ST）作为上市公司陷入财务困境的标志。同理，根据已有的对财务困境恢复的研究惯例，本书将以上被特别处理（ST 和 *ST）上市公司的最终"摘帽"和恢复正常交易界定为财务困境恢复。

1.1.2 重组选择

1.1.2.1 国外学者的研究界定

国外主要从两个方面对重组进行界定：一是狭义重组，二是广义重组。狭义重组指兼并与收购。国外对兼并收购的研究比较早，对其概念界定和区分比较清楚。兼并是由两个或两个以上的单位形成一个新的实体，收购则是被收购方纳入并融入收购方的公司体系。由于在收购中被收购方的融入经常使得收购方的结构发生重大变化，故而收购也往往被看做是一种兼并，或简称为并购（M&A）。这是早期狭义的重组概念。20 世纪 80 年代，美国公司的重组活动频繁，重组的范围也不断扩大，传统的并购概念开始被拓展到包括接管及其相关的资产重组、公司控制、所有权变更等问题，这些活动被统称为重组。广义重组概念出现，它包括公司利用资本市场对存量资产进行调节和重新组合的所有行为。1998 年，Weston（1998）将公司并购分为扩张（expansion）、售出（sell-off）、公司控制（corporate control）、所有权结构变更（changes in ownership structure）四大类，这是对重组比较经典的定义，也是一个广义的重组概念定义。Wruck（1990）从财务困境公司角度认为重组包括缩减成本、高管变更、产品重新定位、缩减投资、聚合资金。Franks 等（2005）的研究提出，财务困境公司重组应包括短期的经营、财务重组以及长期的管理重组。

1.1.2.2 国内学者的研究界定

国内对重组的理解包括兼并收购、资产重组、资本重组等，其中比较广泛使用的概念是资产重组。张新（2003）的研究中将重组理解为兼并收购，对其价值效应进行分析；陈惠谷、张训苏（1998）认为，重组包括对企业已有存量资产的重新配置和对增量资产的经营重组；魏杰（1999）界定重组是通过对不同法律主体的财产权、出资人所有权和债权人债权进行符合资本最大增值目标的调整和改变，以实现对实物资本、金融资本、产权资本以及无形资本的重新组合；汤谷良（2001）认为重组是出资者或授权经营者以企业战略目标为导向，以长期资产或资源为对象，以控制权的转移为核心所进行的资源重新组合和优化配置行为；万潮领等（2001）将上市公司重组分为四类：扩张式重组、收缩式重组、公司控制权转移、公司内部重整；朱宝宪、王怡凯（2002）认为并购是一个"多重理解的概念"，广义并购包括兼并、收购、股权转让、资产置换、债务重组等行为，狭义并购则仅指获得控股权的收购或转让；李善民、李珩（2003）把重组分为收购公司的收购兼并、目标公司的股权转让和资产剥离。李秉祥（2003）认为财务困境公司的重组包括整合产业链、优化产品结构、整合公司治理。

从以上研究可见，我国对重组概念的界定还未形成统一意见，但近些年上市公司重组活动频繁发生，使得学者们对重组的概念与分类逐渐形成一种自动的约定俗成印象，即重组是一种广义概念，股权转让、收购兼并、资产剥离、债务重组、资产置换以及其他类型的重组都被涵盖纳入公司重组的范畴。

1.1.2.3 本书的重组及重组选择界定

由上述分析可知，重组是指公司扩张、收缩、所有权结构变更、内部业务重整等广泛意义上的行为与活动的总称，进行重组的公司既包括具有市场优势的大规模公司，又包括那些因多方面原因而陷入困境的劣势企业。基于本研究的需要，我们将公司重组定义为广义的重组。同时，本研究中所提到的重组选择特指因财务原因而被 ST 或 *ST 公司在面临困境时所做出的支持抑或是放弃的重组行为选择。即当上市公司被戴帽披星而陷入困境之后，这些 ST 或 *ST 公司采取了何种方式去应对困境，是内部重整、还是大股东支持下的非控制权转移重组，或者是控制权转移式重组？基于此，我们对困境公司的重组行为分为三大类：

内部重组，也称为内部重整，指通过公司自身的管理效率提高和业务整合而应对困境的一种重组行为，在内部重组下，公司与其他法人主体之间不发生资产转移、股权转移等联系。

支持性重组，指 ST 或 *ST 公司在股东支持下发生的各种资产重组，具体包括兼并收购、债务重组、资产剥离、资产置换、非控制权转移的股权转让。

放弃式重组，指控股股东将所掌握的 ST 或 *ST 公司的控制权进行转让，由新的股东来控制该困境公司，并帮助其尽快脱困，其实质是控制权转移的一种股权转让重组方式。其中，支持性重组与放弃式重组均属于外部资产重组。

1.2 研究背景及问题提出

1.2.1 研究背景

随着改革开放和市场经济进程不断完善，我国资本市场经过二十多年的发展后也取得了斐然的成绩：截至 2012 年 12 月，我国上市公司数量达到 2494 家，总市值 23.04 万亿元，流通市值 18.17 万亿元，证券市场已成为我国企业资金筹集和流通的最重要场所。然而，伴随着证券市场的快速发展，市场化竞争也越来越激烈，每年，都会有一批上市公司由于各种原因出现亏损、资不抵债等财务状况异常现象，甚至陷入困境。沪深两市不断涌现的特别处理（ST 及 *ST）公司就反映了这一问题。

ST 及 *ST 是英文 "special treatment" 的缩写。为保证投资者利益和相关信息及时披露，证监会于 1998 年 3 月 16 日以 "部门规章" 形式发布《关于上市公司状况异常期间的股票特殊处理方式的通知》，要求上交所和深交所根据其股票上市规则规定，对异常状况的上市公司股票交易实行特殊处理。事实上，上交所、深交所在 1997 年就已颁布了基本统一的《股票上市规则》，并于 1998 年 1 月 1 日正式实施。在《股票上市规则》中，专门就特殊处理问题做出详细规定，即第九章 "上市公司状况异常期间的特殊处理"。其中，9.1.1

指出："当上市公司出现财务状况、其他状况异常，导致投资者对该公司前景难以判定，可能损害投资者权益的情形，对其股票交易实行特殊处理"。9.1.2 对"特殊处理"予以了明确的解释：①对该公司股票及其衍生品种的交易行情另板公布，以区别于其他股票；②股票报价日涨跌幅限制为5%；③实行特殊处理期间，公司中期报告必须审计。而9.1.3则对特殊处理的性质做出说明："特殊处理不属于对公司的处罚，公司权利和义务不变。"由此可见，ST制度的核心内容，是针对日报价涨跌幅度的限制和信息披露要求所实行的特殊处理，简而言之，就是公司股票日涨跌幅度限制为5%，中期报告必须经过审计。

1998年4月28日，"辽物资A"因1996、1997连续两年亏损，被深交所实施股票交易特殊处理，股票名称前冠以"ST"，成为中国证券市场历史上第一只ST股票。从此，我国股票市场出现了一个特别板块：ST板块。

我国《公司法》第157条明确规定：上市公司发生下列情形之一的，由国务院证券管理部门决定暂停其股票上市：①公司股本总额、股权分布等发生变化不再具备上市条件；②公司不按规定公开其财务状况，或者对财务会计报告作虚假记载；③公司有重大违法行为；④公司最近三年连续亏损。对因连续两个会计年度亏损而被ST的上市公司，在特殊处理期间如果财务状况没能明显改善，出现了连续第三个会计年度亏损，根据《股票上市规则》第九章和第十章的有关规定，首先，该ST公司在收到连续亏损三年的审计报告后2个工作日内，向证交所和证监会作出报告，同时提交公司董事会对审计结果的书面意见，并作出公告；其次，证交所自收到报告下一个交易日起暂停该ST公司股票交易，并在暂停交易后3个工作日内就是否暂停其上市出具意见，报证监会批准；最后，证交所接到证监会作出的暂停该ST公司股票上市的决定后，于下一个工作日在证监会指定报刊上公布该事实，同时按照证监会要求采取相应的技术措施。

1999年7月3日，上交所和深交所分别发布《股票暂停上市有关事项的处理规则》和《上市公司股票暂停上市处理规则》，根据《公司法》、《证券法》和《股票上市规则》有关规定，对股票暂停上市做出具体的处理细则，并对此类公司股票的投资者提供"PT服务"。"PT"是特别转让"particular transfer"的缩写，指连续三年亏损的上市公司被暂停上市之后，证交所和相关会员公司在每周星期五为投资者提供的一种交易服务。1999年7月9日，PT双鹿、PT农商社、PT渝钛白、PT苏三山四只冠以"PT"的股票首次进行特别转让，使得中国证券市场又出现了一个新的特殊板块：PT板块。特别转让与正常股票交易有两点不同：一是交易时间上，特别转让仅限于每周五的开市时间段内，而非逐日持续交易；二是价格形成上，特别转让的申报委托按不超过上一次转让价格上下5%的幅度进行（2000年6月17日，深沪两市取消PT股票特别转让跌幅控制），交易所于收市后按集合竞价方式对有效申报进行撮合，当天全部有效申报都以集合竞价所产生的唯一价格成交。转让信息由指定报刊设专栏在次日公告，不在交易行情中显示，不计入指数计算，成交数据不计入市场统计。

随着证券市场发展，投资者呼吁股票市场建立退出机制。2001年2月22日，证监会发布《亏损上市公司暂停上市和终止上市实施办法》，对连续三年亏损的上市公司的暂停上市、恢复上市和终止上市的条件、法律程序、信息披露、处理权限等做出详细规定。《办法》的实施，标志着我国股市的退出机制正式出台，证券市场上的"只进不退"的现象将成为历史。2001年4月23日，上交所的PT水仙被终止上市；同年6月15日，深交所的PT粤金曼被终止上市，这是两市的首家退市公司。退出机制的正式启动，掀开了证券史上新的一页，对实现上市公司的优胜劣汰和证券市场的健康发展具有重要意义。

2001年6月，上交所、深交所修改其股票上市规则，增加对财务状况异常和其他状况异常的解释。其中财务状况异常主要包括：①最近两个会计年度审计结果净利润均为负值；②最近一个会计年度审计结果股东权益低于注册资本；③CPA对最近会计年度报告出具无法表示意见或否定意见审计报告；④调整后最近一个年度股东权益低于注册资本；⑤调整后连续两个会计年度亏损；⑥其他财务状况异常。此解释明确了特别处理的两大类别。

2002年1月，修改后的《亏损上市公司暂停上市和终止上市实施办法》正式实施。2月，上交所、深交所再次修改上市规则，取消PT制度，规定上市公司连续三年亏损，暂停其股票上市，暂停上市后其股票停止交易，证交所不再提供特别转让服务。

2003年5月，沪深交易所第六次修订其股票上市规则，关于特别处理的规定如下：上市公司出现财务状况或其他状况异常，导致其股票存在终止上市风险，或者投资者难以判断公司前景，其投资权益可能受到损害的，证交所将对该公司股票交易实行特别处理：终止上市风险的特别处理（简称"退市风险警示"）和其他特别处理。退市风险警示的处理措施包括：在公司股票简称前冠以"*ST"字样，以区别于其他股票；股票报价的日涨跌幅限制为5%。其他特别处理的处理措施包括：公司股票简称前冠以"ST"字样；股票报价的日涨跌幅限制为5%。证交所对上市公司股票交易实行退市风险警示的情况很多，但主要包括"最近两年连续亏损或追溯调整后最近两年连续亏损"；证交所对上市公司股票实施其他特别处理的主要原因包括"最近一年净资产为负"。自此，我国证券市场上开始了终止上市风险特别处理（*ST）与其他特别处理（ST）并存的局面，每年证券市场都会出现因各种原因而被 ST 或 *ST 的公司。

ST 与 *ST 板块的设置，目的是使股民能够容易区分哪些股票存在退市风险与特别处理，便于做出投资决策。同时将证券市场上的劣势股票与优质公司区别开来，并将不能如期摘帽的公司依法暂停上市或退市。然而，制度实施以来，特别处理公司暂停上市的不少，真正退市的却寥寥。据上交所和深交所的数据统计，截至 2011 年年底，除了因吸收合并以及分立等特殊原因而退市的上市公司外，A 股市场真正意义上因监管规则而退市公司只有 42 家，占上市公司总数的 1.8%，从我国股票市场设立开始计算，年均退市公司只有 2 家。鉴于此，证监会在近两年开始大规模启动退市新规的运作和出台，2012 年 4 月，上证所、深交所下发《退市方案（征求意见稿）》，2012 年 6 月，《关于完善上海证券交易所上市公司退市制度的方案》《关于改进和完善深圳证券交易所主板、中小企业板上市公司退市制度的方案》相继出台，标志着我国证券市场退市新规的正式启动。新的退市制度主要聚焦在净资产指标、营业收入指标、审计意见类型、市场交易指标等四个方面。基于此，*ST 公司被实施退市风险警示后又被暂停上市的，公司最近一个会计年度经审计的期末净资产为负，或经审计的营业收入低于 1000 万元，或其财务报告被会计师事务所出具否定意见、无法表示意见或者保留意见，或被暂停上市后未在法定期限内披露年报的，其股票应终止上市。可以说，新的退市规则对 ST 和 *ST 公司的摘帽时间、要求设置了硬性规定，各指标如期达到，则能继续交易，否则面临摘牌退市。这些陷入财务困境公司的恢复更加面临严峻的挑战。

1.2.2 问题提出

从 1998 年我国实施特别处理制度以来，至 2012 年末，沪深两市先后被特别处理的上市公司共计 601 家次（见图 1-1），其中因财务原因而被 ST 或 *ST 共 569 家次，因其他原因而被 ST 或 *ST 共 32 家次，有 77 家公司两次被特别处理，2 家公司三次被特别处理，涉及公司共计 520 家，占上市公司总量的 20% 左右。我们先对这些困境公司的总体情况进行特征分析，然后提出本书的研究问题。

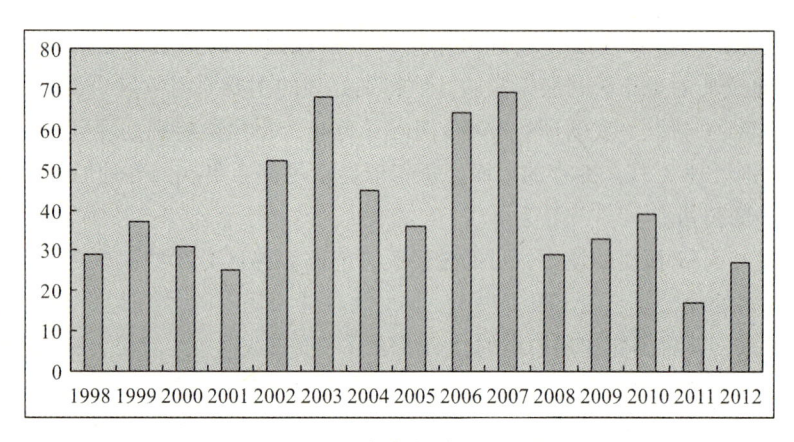

图1-1　1998—2012年各年被特别处理公司家数

数据来源：根据国泰安数据库"中国特殊处理与特别转让股票研究数据库"资料整理得到。

1.2.2.1　我国财务困境公司总体特征情况

首先，看各年ST或*ST公司数量。由图1-1，从1998年特别处理制度实施以来，我国证券市场每年被ST或*ST公司数量经历了一个由低至高再降低的总体趋势过程。自1998年至2001年，每年被ST公司数量没有较大变化。2002年、2003年ST或*ST公司数量突然激增，到2008年，ST或*ST公司数量又出现较大幅度下降，一直至2012年没有明显增长。这是因为：2001年下半年开始，全球经济增速出现减缓，上市公司作为国民经济的晴雨表反映最为明显。2001年度，上市公司重要财务指标较之前都有不同程度下滑，见表1-1。另外，2001年财政部颁布的新会计制度开始实施，新制度对债务重组利得不能计入当期损益的相关规定和追溯调整使得很多企业陷入亏损，导致在接下来的2002年及以后年度中ST或*ST公司数量比较高。

表1-1　上市公司重要财务指标

指标	1999年	比上年增长	2000年	比上年增长	2001年	比上年增长
每股收益（元/股）	0.2	5.26%	0.2	0%	0.13	-35%
净资产收益率（%）	8.23	10.47%	7.63	-7.29%	5.35	-29.88%
净利润（亿元）	628.88	34.67%	768.22	22.16%	694.22	-9.63%

数据来源：中国证券监督管理委员会. 中国证券期货统计年鉴（2011）.

2007年度我国居民年消费价格指数明显上涨，上市公司总体营业收入增加带动净利润增长，创出史上最辉煌年报业绩。2008年，以美国为首的金融危机并未对我国上市公司造成影响，相反，由于出口优势，上市公司业绩反而上升。2008年我国新所得税法实施，企业税负减轻，加上奥运经济的促进，使得2008、2009年度被ST或*ST上市公司数量大幅度减少。

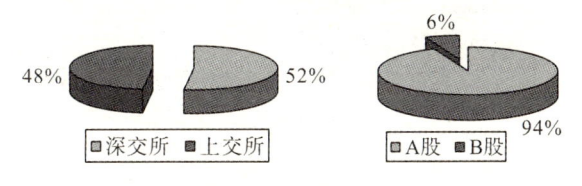

图1-2 ST或*ST公司构成

其次，我们看这些ST或*ST公司的构成。从来源看（见图1-2），深交所、上交所数量相差不大；A股占据了94%，B股仅为6%，因为证券市场上A股比B股数量本身就高出很多；从ST或*ST公司被戴帽的原因看，"两年亏损"和"净资产低于面值"这两项原因占据85.86%，说明我国特别处理公司的"困境"主要体现在"亏损"上。经营异常或经营受损、信息披露违规、重大诉讼这些非财务原因合计5.32%，而财务原因加总起来共占94.68%，表明上市公司的"困境"主要是"财务困境"。见表1-2。

表1-2　　　　上市公司被ST或*ST的原因

上市公司被ST或*ST的原因	公司家数	比例
两年亏损或追溯调整后两年亏损	451	75.04%
净资产低于面值	65	10.82%
审计否定	40	6.66%
财务异常	13	2.16%
经营异常或经营受损	14	2.33%
信息披露违规	10	1.66%
重大诉讼	8	1.33%
合计	601	100%

第三，行业情况。ST或*ST公司的行业分布比较广，几乎所有行业都有涉及，但却比较集中。由图1-4看出，制造业ST或*ST公司在所有特别处理公司中的比重最高，达到了60%，但这类企业在上市公司本身所占的比例也最高。综合类、信息技术类企业比例分别为9%、8%，位列第二和第三，其余行

业则数量较少,所占比例也比较低。

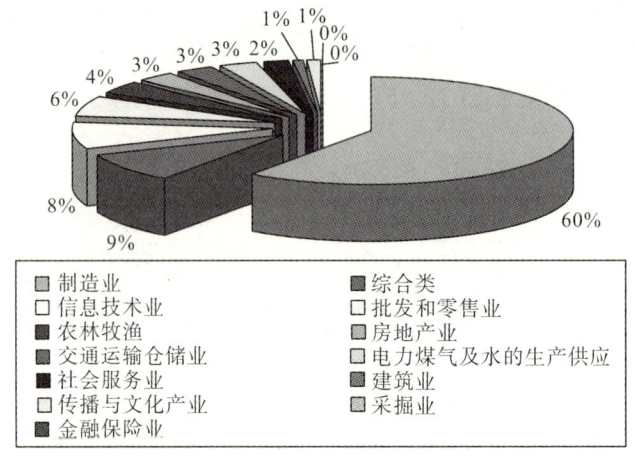

图 1-3　ST 或 *ST 公司的行业分布

以上是绝对数量的 ST 或 *ST 公司行业分布情况,从相对数的角度来看,各行业中 ST 或 *ST 公司比例最高的是综合类,见图 1-4。这是由于综合类公司主营业务不突出,加上很多是新兴产业企业,从短期来看盈利能力较弱[83],致使该行业有很多公司经营不景气而被 ST 或 *ST。

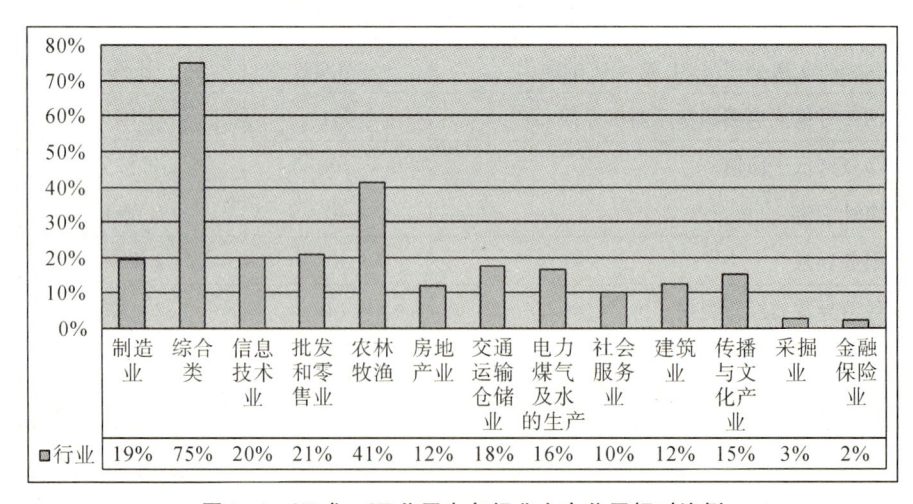

行业	制造业	综合类	信息技术业	批发和零售业	农林牧渔	房地产业	交通运输仓储业	电力煤气及水的生产	社会服务业	建筑业	传播与文化产业	采掘业	金融保险业
行业	19%	75%	20%	21%	41%	12%	18%	16%	10%	12%	15%	3%	2%

图 1-4　ST 或 *ST 公司占各行业上市公司相对比例

表 1-3　　　　　　　　ST 或 *ST 的地区分布

区域	华北	东北	华东	华中	华南	西北	西南	合计
数量	59	63	149	50	93	45	61	520
比例	11.35%	12.12%	28.65%	9.62%	17.88%	8.65%	11.73%	100%

第四，地域分布。ST 或 *ST 公司的覆盖区域比较广，到目前为止，全国 31 个省、市、自治区都曾出现过被特别处理的上市公司。其中，华东、华南地区的 ST 或 *ST 公司数量最多，见表 1-3。其原因主要有两点：一是上海位于华东地区，广东位于华南地区，上海、广东两地的上市公司数量在沪、深两个证交所的数量最高，所以华东、华南成为 ST 或 *ST 公司的聚集地区；二是当初我国股票市场建立的目的主要是解决国有企业脱困问题，而上海、广东因为经济发展较早，很多传统的制造业企业如纺织、机械等相继上市。随着市场竞争的不断加剧，加之行业不景气原因，使得这些底子并不厚重的公司逐步步入经营困境。图 1-5 较详细地描述了这些 ST 或 *ST 公司的省份。

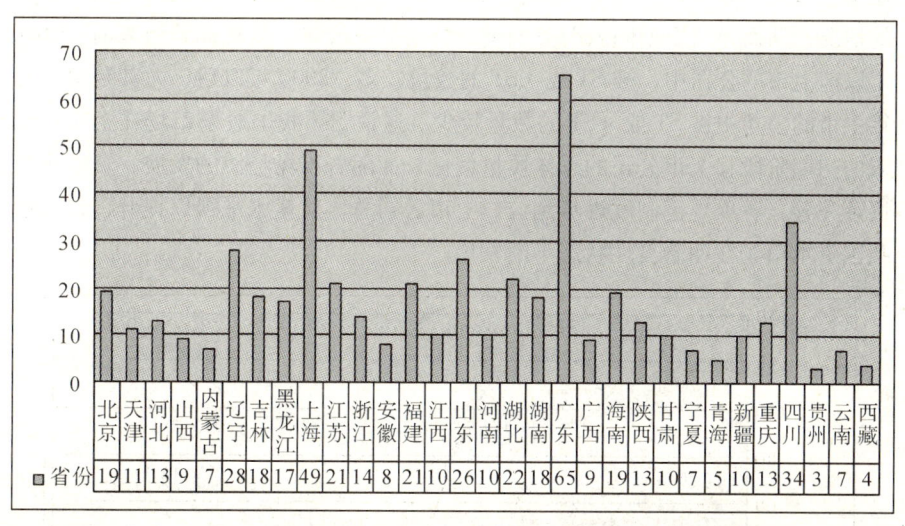

省份	北京	天津	河北	山西	内蒙古	辽宁	吉林	黑龙江	上海	江苏	浙江	安徽	福建	江西	山东	河南	湖北	湖南	广东	广西	海南	陕西	甘肃	宁夏	青海	新疆	重庆	四川	贵州	云南	西藏
数量	19	11	13	9	7	28	18	17	49	21	14	8	21	10	26	10	22	18	65	9	19	13	10	7	5	10	13	34	3	7	4

图 1-5　ST 或 *ST 公司的省份分布

第五，上市年龄与时间。从表 1-4 可以看出，1998 年至 2012 年，所有 ST 或 *ST 公司在首次被特别处理时，上市年龄在 6 至 10 年的超过了一半以上。上市 11 年至 15 年的上市公司所占比例也较高，占据 25%。上市在 5 年以内和 15 年以上的公司其被 ST 或 *ST 的比例则较低。这说明上市公司在最初上市的几年中，无论是经营情况还是获利状况都还不错，但是，5 年以后，一些公司开始走下坡路。这些公司中，有些可能本身就属于包装上市，有些则是由于经营管理不善，还有一部分是由于大股东的资金占用和关联方交易，无论基于何种原因，6-10 年是上市公司容易陷入财务困境的高发期，应引起管理者的注意。另外，这些 ST 或 *ST 公司首次被特别处理的平均年龄为 8.8 年，也说明了上市公司在上市 8 年左右最易出现各种问题。

表 1-4　　　　　上市公司首次被特别处理时的上市年龄

上市年龄	1-5 年	6-10 年	11-15 年	16-20 年	合计
数量	80	288	130	22	520
比例	15.38%	55.38%	25.00%	4.23%	100%

另外，我们从这些公司的上市年份看，1996 年上市的公司中被 ST 或 *ST 的数量和比例是最高的，见图 1-6。比较深层次的原因是，1996 年我国股市迎来首个牛市，上证指数暴涨 120%，深成指暴涨 340%[84]，无论是投资者账户还是上市公司数量，在这一年扩容尤其厉害。大量公司上市难免出现以次充优的情况，从而导致后期陷入财务困境的公司数量最多。从总体趋势来看，2000 年以前上市的公司中，被 ST 或 *ST 的数量较多，2000 年以后，尤其是最近几年上市的公司中被 ST 或 *ST 的数量较少。这说明了我国股票市场在上个世纪末的初期阶段，上市公司的总体质量偏低，而随着市场经济的发展、资本市场逐渐完善，各项规范制度逐步到位，上市公司总体质量水平得以提升，也说明我国资本市场在朝着良性状态不断发展。

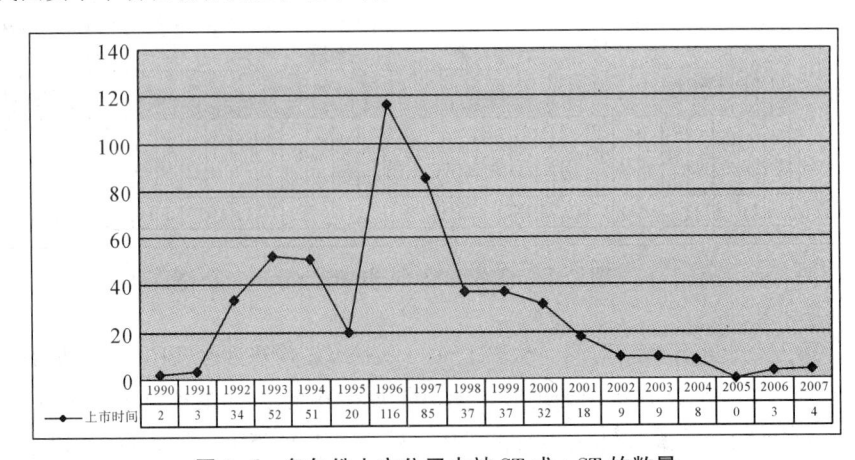

图 1-6　各年份上市公司中被 ST 或 *ST 的数量

第六，公司财务状况。ST 或 *ST 公司的财务状况与非 ST 公司的财务状况存在较大差异。由图 1-7 所示，ST 或 *ST 公司的资产净利率、每股收益、总资产周转率均低于非 ST 公司，营运资金比率更是远低于非 ST 公司，而其资产负债程度却比非 ST 公司要高出将近 3 倍，期间费用率也高于非 ST 公司两倍以上，表明 ST 或 *ST 公司的盈利能力、偿债能力、营运能力、管理水平都比其他正常的上市公司要低。

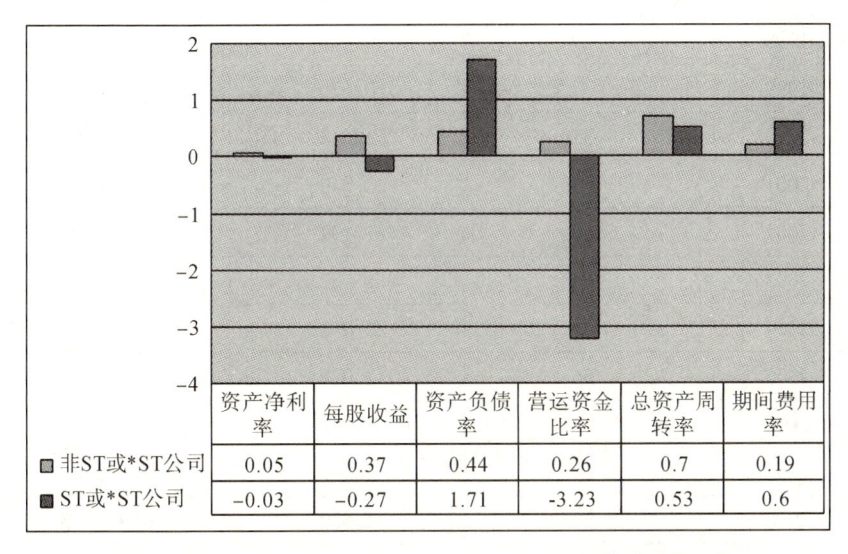

	资产净利率	每股收益	资产负债率	营运资金比率	总资产周转率	期间费用率
非ST或*ST公司	0.05	0.37	0.44	0.26	0.7	0.19
ST或*ST公司	-0.03	-0.27	1.71	-3.23	0.53	0.6

图 1-7　ST 或 *ST 公司与非 ST 或 *ST 公司的财务指标比较

注：本图所用数据来源于 2012 年上市公司年报财务指标，由国泰安数据库提供初始资料并自行整理计算得出。

第七，公司行为选择。上市公司被 ST 或 *ST 之后会采取的不同行为策略积极脱困，如提高管理效率，加速存货和应收账款的周转，更换管理层，缩减成本费用，等等。我国财务困境公司的一个非常明显的特征是，在上市公司被 ST 或 *ST 之后，会实施频繁的资产重组。重组策略，尤其是外部资产重组策略，是 ST 或 *ST 公司最为经常采取的行为选择方式。表 1-5 列举了 1998 年至 2012 年被特别处理公司在被 ST 或 *ST 之后的第 1 年内实施重组的情况。可以看到，除了最初的 1998、1999 年这两年的平均重组次数和每家 ST 所涉及重组金额稍低些以外，其余年份的 ST 或 *ST 公司重组行为非常明显。1 年内所有 ST 或 *ST 公司平均重组次数最高达到了 4.101 倍，所有年份的 ST 或 *ST 公司在被处理后第 1 年内的平均重组次数为 2.255 次，平均重组金额高达 36 452.01 万元，可以说 ST 或 *ST 公司的重组频率和重组力度都比较大。这是由于我国资本市场准入门槛较高，上市公司的"壳资源"匮乏，很多陷入财务困境的公司在被 ST 或 *ST 之后，如果不能自我摆脱困境，借助外力来谋求摘帽就势在必行。

表1-5　　　ST 或 *ST 公司被特别处理第 1 年内的重组情况

年份	ST 或 *ST 公司数量（家）	平均重组次数（次/家）	平均重组金额（万元/家）
1998	29	0.414	3032.68
1999	37	0.676	4352.16
2000	31	1.548	7080.58
2001	25	3.040	245 432.40
2002	52	1.192	4288.22
2003	68	1.552	7913.01
2004	45	2.022	10 299.35
2005	36	2.028	12 666.41
2006	64	1.766	19 121.22
2007	69	4.101	70 942.66
2008	29	3.689	29 830.35
2009	33	3.576	124 805.80
2010	39	3.615	40 316.78
2011	17	2.177	10 177.56
2012	27	2.370	28 703.41
平均	-	2.255	36 452.01

数据来源：国泰安数据库，依据各年被 ST 或 *ST 公司在特别处理之后 1 年内的重组数据计算得到。

1.2.2.2　问题提出

从以上我们的分析情况看，上市公司被 ST 或 *ST 之后，其竞争能力弱化，偿债能力、获利能力下降，想要生存下去必须采取一系列措施。现实中，一部分公司通过改善经营，提高收入、降低成本费用而脱星摘帽，但大部分 ST 或 *ST 公司采取了不同的资产重组方式和策略来谋求脱困。2012 年新的退市制度出台，ST 与 *ST 公司，尤其是之前遗留下来的那些困境公司，更是面临前所未有的压力，其重组活动和重组力度愈加频繁和明显。这些重组很多是缘于控股股东的支持，也有一部分发生了控制权转移和控股股东变更。发生重组的 ST 或 *ST 公司有些成功摘帽，有些则未能成功恢复，而已经摘帽的那些公司其市场表现与经营绩效也存在相应差异，这些现实引发我们一系列的思考：当上市公司陷入财务困境之后，外部的资产重组是否成为其摘帽恢复的最有效手段？ST 或 *ST 公司都采取了哪些重组策略？其重组行为选择的本质是什么？这种行为选择对财务困境恢复的影响如何？在财务困境恢复预测中其发挥了何种作用？

本书从我国制度环境背景出发，将财务困境公司的重组行为选择分为内部重组（自我重整）、支持性重组、放弃式重组三大类别，在借鉴国内外学者相关成果的基础之上，构建财务困境研究的整体框架，针对上述一系列问题展开研究。

1.3 研究意义

上市公司是我国资本市场的基石，也是整个国民经济健康发展的最有力支撑。每年由于各种原因而被特别处理（ST 或 *ST）公司在陷入困境之后会临严峻的考验：或遭遇股价下跌，或被暂停上市，甚至面临退市，给股东、员工、债权人造成巨大损失；同时，一些 ST 公司为尽早摘帽在盈余管理上大做文章，甚至不惜会计造假，严重影响了我国证券市场的健康稳定发展。面对复杂、多变的市场竞争环境，我们不可能做到令所有上市公司避免财务困境，但是，通过本研究，认识财务困境形成的原因，分析困境公司最频繁的重组活动及其行为选择对财务困境恢复的影响，明确不同因素对财务困境恢复的作用，探求财务困境恢复与业绩优化规律，从而采取措施使困境公司尽快脱困并提升业绩水平，不仅能减少利益相关者的损失，而且有助于提高我国上市公司的整体管理水平和经营质量。本书的具体研究意义如下：

第一，为财务困境公司及其控股股东的战略行为选择提供决策支持。本书分析 ST 或 *ST 公司控股股东的重组行为及其对财务困境恢复的影响，利用公司财务数据指标、公司治理指标、重组选择指标构建恢复预测模型，研究上市公司财务困境恢复的影响因素、这些因素在困境恢复中发挥的作用以及困境公司如何采取措施走出困境，为已陷入和即将陷入财务困境的公司明确其应关注的方向，为困境公司控股股东的重组行为选择提供决策帮助。

第二，为其他投资者、债权人等利益相关者的投资决策提供帮助。当投资者和债权人所投资的公司出现状况异常而被 ST 或 *ST 时，他们如何判断这些公司能否渡过困境并最终恢复和盈利，投资者是否应继续持有该公司股票，其他潜在的投资者是否购买该股票，债权人是催收债务、推动企业破产清算还是进行债务重组抑或是推迟债务期限，都需要具有指导性的信息以辅助决策。通过本研究，困境公司的利益相关者可以预测财务困境公司的恢复与否及其恢复之后的绩效状况，为其提供后续行动决策支持。

第三，为政府监管提供政策支持。财务困境公司的恢复及其恢复质量关系着整个证券市场的健康发展。本书通过针对不同恢复途径而摘帽的 ST 或 *ST 公司的绩效衡量与比较，评价这些公司的恢复质量，为政府监管部门制定政策引导财务困境公司的良性恢复提供政策支持。

1.4 研究内容及框架

本书以"我国财务困境公司重组选择及恢复研究"为题，考察财务困境公司的重组选择差异，进而不同的重组行为选择对财务困境公司恢复的影响，本书主体部分共有七章，其具体内容安排如下：

第一章，绪论。首先进行相关概念界定，包括财务困境及恢复、重组选择概念；然后，阐述本书的研究背景，提出所研究问题，分析研究意义，确定研究内容及框架。

第二章，文献综述及研究体系。主要针对国内外文献进行综述，在此基础上，对我国财务困境方面的研究资料进行梳理汇总，分析研究现状，构建财务困境研究体系，确定本研究的领域及方向。

第三章，制度背景与理论分析。本章从我国证券市场的 IPO 制度、退市制度与 ST 制度以及法人大股东的集中控制入手，分析财务困境公司重组的制度背景及其本质，并对财务困境理论、重组理论进行分析，为后续的实证研究奠定基础。

第四章，我国财务困境公司的重组行为选择影响。本章首先通过文献回顾提炼研究假设，针对财务困境公司的重组情况进行分析，然后，通过实证方法，研究发生财务困境的公司采取的不同重组行为选择方式对财务困境恢复的影响。

第五章，基于重组行为选择的财务困境恢复预测研究。本章首先回顾已有文献，提出财务困境恢复预测研究的意义；然后，分析财务困境恢复的影响因素,提出相应假设;接着,基于ST或*ST公司第(T-1)年的财务指标与公司治理指标,构建财务恢复预测模型,在以上模型基础上引入重组方式选择指标,再次构建模型,并与前述模型进行比较;最后,引入动态重组样本再次构建恢复预测模型,以便于投资者和困境公司能够关注和预测处于困境中公司的动态恢复情况。

第六章,我国财务困境公司内部控制质量提升及其影响。本章首先回顾相关文献,提出内部控制质量提升的现实背景及意义;之后,从财务困境公司的内部控制质量着手,实证分析内部控制质量提升与困境恢复之间的关系。

第七章,研究结论及政策建议。对全书进行总结,提出相应的政策建议。归纳创新点,指出存在的不足和今后的研究方向。

本书的研究框架见图1-8。

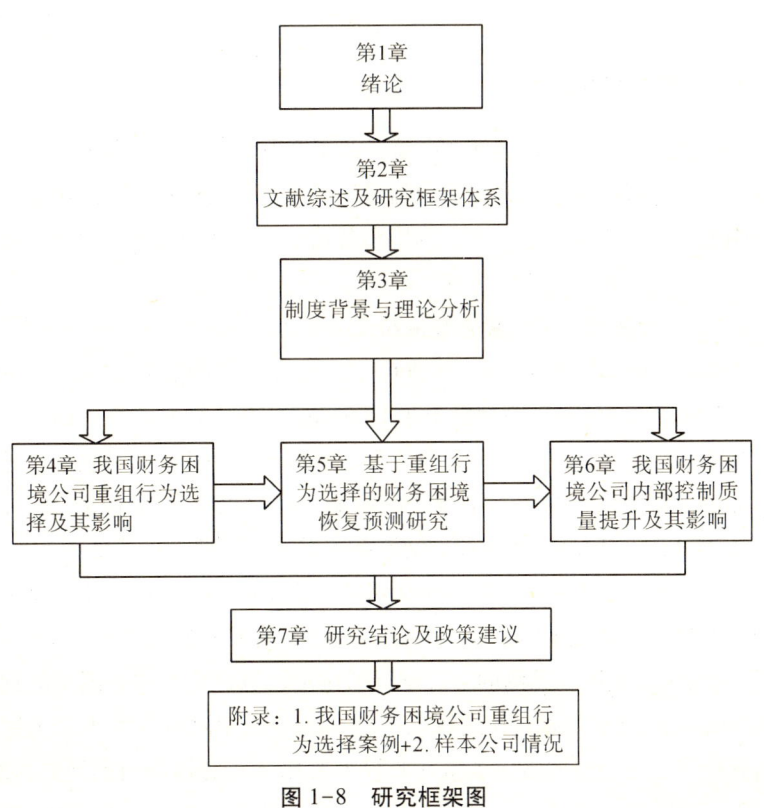

图1-8 研究框架图

2 文献综述及研究框架体系

2.1 文献综述

2.1.1 国外文献综述

从20世纪30年代起,国外学者就开始了企业财务困境问题的研究,积累了丰富的研究资料,概括起来大致包括对困境公司的破产预测、对困境公司的估值、困境公告的市场反应、财务困境和公司业绩之间的关系、财务困境和重组、财务困境与公司治理六个方面。

2.1.1.1 对困境公司的破产预测研究

Fitzpatric(1932)和Beaver(1966)用单变量预测公司的破产、Altman(1968)使用多元线性判别模型提出了Z-Score方法。Altman等(1977)建立了ZETA模型来研究公司的破产概率问题。Altman(2000)又对该模型进行了修正,加进了新变量,并考虑了行业的影响。针对以上预测中线性假设的不足,Coats和Fant(1993)使用神经网络系统对这些模型进行了发展。

Ohlson(1980)使用logit和Porbit回归方法发现至少有四个变量显著影响公司破产的概率:公司规模、资本结构、业绩和当前的变现能力。Aestebro等(2001)对有关债务困境预测的方法进行了讨论,他们认为财务困境的预测应该使用多元logit模型,而且在选取匹配样本时应使用随机的而不是确定的标准。研究结果也的确证明多元逻辑回归模型要比二元逻辑回归模型更为准确。Kahya等(2001)提出了一个使用时间序列累积和统计方法的财务困境模型,该模型能够区分出企业财务指标是因序列相关而改变还是由于财务困境的原因使指标间的结构永久移动而改变。检验表明CUSUM模型是随时间而稳健的,而且要比基于线性判别分析的方法和一般logit方法的结果好。

2.1.1.2 对困境公司公告的市场反应研究

国外文献中关于困境公司公告的市场反应研究主要针对破产公告。这是因为其他用来判断财务困境的标准都是研究人员自己确定的，只有破产申请是要公告的。研究表明，破产公告对申请破产企业的价值有一个明显的负面影响。股票价格下跌是因为破产企业破产成本增加以及破产公告提供了企业资产和企业股东对资产清偿权的真实价值的消息。首先，破产成本现值的增加使现金流现值减少了；其次，公告提供给投资者的信息是企业的利润比预期的要少。与破产企业具有相似现金流特征的企业应该都具有上面所说的特征，因此，被称为破产公告的传播效应。另外，破产公告可能隐含了一个行业里企业之间的相对业绩。比如，破产企业业绩差的原因可能是其他企业做得更好。这一点被称为破产公告的竞争效应。如 Altman（1977）发现股东在破产公告前 1 个月到公告后 1 个月之间所损失的资本平均大约是 26%；Clark 和 Weinstein（1983）研究了破产企业普通股的行为，通过使用月数据和日数据，对破产公告前后的超额收益进行了研究。在破产公告前 1 日到公告后 1 日的累计超额收益是 -0.47%。这些研究表明尽管在公告前通过模型能够预测到企业的困境，但破产申请公告仍含有新的消息。Lang（1992）在研究破产公告对破产企业竞争对手权益价值的影响时，也发现从公告前 5 天到公告后 5 天之间以及从公告前 1 天到公告日当天破产企业经历了平均 28.5% 和 21.66% 的损失。同时 Lang 也研究了破产公告对行业内的传播效应和竞争效应。Fen 和 Cole（1994）通过对保险业资产质量问题公告反应的研究也发现了行业的传播效应问题。

Andrade 和 Kaplan（1998）以陷于困境的高杠杆交易公司为样本，考察了因杠杆程度过高而造成的财务困境成本。实证结果发现，样本公司在陷于财务困境前后，收益率下降幅度为 10%-15%，总的资本价值下降了 10%-20%。Eberhart（1998）考察了经历美国《破产法》第 11 章的 131 个企业的股票收益业绩。运用不同的对期望收益率的估计方法，一致地发现，经过破产整顿后的 200 天，这些公司有较大的正的超额收益率。他还考察了样本企业权益收益率对从《破产法》第 11 章中走出的企业的盈余公告的反应。

2.1.1.3 财务困境和公司业绩之间的关系研究

Jensen（1989）认为高杠杆企业比低杠杆企业对企业价值的下降反应要快，因为一个较低的价值下降就会导致高杠杆企业处于困境。Opler 和 Titman（1994）的研究发现在处于低迷时期的行业中，高杠杆企业比低杠杆的竞争对手要失去更多的市场价值。可能的原因包括顾客驱动、竞争者驱动和管理者驱动。其中用来衡量企业业绩的指标有企业销售收入的增长、股票收益率、利润增长率等。在关于绩效的研究方法上，既有考察短期的，也有考察长期的。长期绩效的考察更多是用 Barber 等（1997）、Lyon 等（1999）提出的购买持有股票收益率方法。

2.1.1.4　财务困境公司采取的措施

企业经历困境后所采取的措施主要表现为：经营上的，如高层管理人员的变动（Gilson，1989）、组织上的战略和结构的变化（Wruck，1990）、财务上的，如通过债务重组和破产申请（John，Lang and Netter，1992）。常见的措施主要有资产重组、管理者替换、减少股利、杠杆重资本化等。Gilson（1989）研究了陷于财务困境中的企业高层管理人员的更换。在给定的任何一年，样本企业中的52%，当其因为违约、破产或为避免破产而对其债务进行重组时经历了高管人员的变动。Deangelo 等（1990）考察了在纽约证券交易所上市的80个在1980年至1985年期间陷于财务困境公司对股利政策的调整，几乎所有样本公司都减少了股利。John 等（1992）研究了与业绩降低相对应的大企业的自愿重组，研究了出现亏损的原因以及亏损后所采取的措施。处于困境中的企业的一些变化包括对企业控制的变化、企业经营和组织结构的改变（包括企业规模和业务范围的变化、成本的变化、投资、研发支出与广告费的变化）以及财务政策的改变（包括资本结构和股利政策）。

Ofek（1993）、Kang 等（1997）分别研究了美国上市公司、日本企业和英国公司在业绩下降时的重组问题。通过对日本企业与美国相应样本企业的比较发现，两国企业在业绩出现下滑后有很多相似的经营措施。两国的企业都通过出售资产、关闭工厂、减少资本支出和成本、解雇员工等来降低规模。业绩下降的两国企业也都进行收购。但与日本企业不同，美国企业面临着外部接管的压力。英国的公司在业绩下滑时，也会采取类似的措施，但更进一步的研究还发现英国的公司不是很愿意采取业务重组或资产出售等策略，而更愿意采用高管人员变动策略，Denis and Kruse（2000）考察了当企业业绩大幅度下滑时，对当前管理人员控制权减少的惩罚事件的发生与公司重组。研究发现随着企业业绩的下降，出现了相当多的公司重组，并使企业的经营业绩得到了显著改善。

2.1.1.5　财务困境与公司治理研究

Jensen（1993）认为董事会对建立有效的内部控制系统是很关键的："公司内部控制系统起源于董事会。作为内部控制系统顶点的董事会对企业的运转有最终的责任，更为重要的是董事会制定首席行政长官游戏的规则。"他还认为很多问题的产生是因为管理者和董事通常不拥有相当比例的公司权益，这会降低董事和管理者寻求股东利益最大化的动力。另外，相对较小的董事会会产生一个更为有效的控制机制。Weisbach（1998）、Brickly（1994）提供的实证证据表明外部董事比内部董事更能代表股东的利益。Simpson 等（1999）研究了银行企业董事会结构、所有权和财务困境。研究结果表明，董事长和首席行政长官合二为一可能加强了银行企业的内部控制系统，从而减少了企业出现财务困境的概率。Gilson（1989）研究了处于财务困境的企业中高级管理人员的更替问题。Kang（1997），Lay（1997）的研究则发现业绩下滑的企业所采取的措施与所有权结构和债权人有关。

2.1.2 国内文献综述

国内对财务困境的研究始于上个世纪 80 年代，主要集中于财务困境预测、财务困境与公司业绩关系、财务困境与重组、财务困境与公司治理等几个方面。

2.1.2.1 财务困境预测研究

吴世农、黄世忠（1986）曾介绍企业的破产分析指标和预测模型；陈静（1999）利用一元判定分析方法以 27 家 ST 公司与同行业同规模的非 ST 公司为样本进行预测；张玲（2000）利用多元线形判定方法，以深沪交易所 120 家上市公司作为样本进行研究；吴世农、卢贤义（2001）采取多元线性、Fisher 判别、Logistic 回归三种方法，分别建立财务困境预警模型表明，Logistic 模型的预判率最低；薛锋等（2003）探讨了基于 BP 神经网络的困境预测；吕峻（2006）对常用财务比率进行了调整和拓展，并分别以常用财务比率和调整后的财务比率，利用 Logistic 回归建立预测模型发现，以调整后财务比率建立预测模型的预测精度明显高于以常用财务比率建立模型的预测精度。

2.1.2.2 财务困境与公司业绩的关系研究

吕长江、韩慧博（2004）研究了上市公司财务困境、财务困境成本及其与公司业绩之间的关系。通过实证研究企业陷入财务困境以后业绩变化的情况，发现我国上市公司的间接财务困境成本显著为正。吴世农、章之旺（2005）以 40 家 ST 摘帽公司为样本，从财务困境前后经营业绩的变化进行研究发现，虽然摘帽促使企业改善经营业绩，但这种经营业绩的改善并未被市场上的投资者认同。赵丽琼（2009）以 35 家摘帽 ST 公司为样本，研究这些公司的经营业绩发现，财务困境公司摘帽后长期看其业绩水平并未真正提高。

2.1.2.3 财务困境与重组研究

李秉祥（2003）总结我国 ST 公司现有债务重组方式存在的主要问题有：报表重组多、盈余管理多、关联交易多、实质性重组少、改善原有管理模式少、提高运营效率少等。其提出了财务困境公司的战略重组应面向市场，实行包括公司的产业调整、产品结构调整、治理结构调整和债务重组在内的全面重组，才能使其危机管理达到标本兼治的效果。

和丽芬、朱学义等（2013）以 2003—2011 年被 ST 的公司为样本，考察这些公司的重组行为及其影响，发现资产重组是财务困境公司经常采用的一种脱困手段。大股东对财务困境公司的支持在我国资本市场上显著存在。ST 公司资产重组的时间越早、成本越高，其摘帽恢复的可能性就越大。

2.1.2.4 财务困境与公司治理

陈良华（2005）的研究发现，独立董事比例、第一大股东持股等公司治理变量与财务困境存在相关性；邓晓岚（2007）研究了公司治理因素对财务困境的解释力与预测力，发现大股东持股比例、国有股比例、独立董事比例与财务困境的发生呈显著负相关；王耀（2011）的研究进一步证实，公司治理对财务困境的影响显著。

2.2 研究体系

无论是国内还是国外，在财务困境恢复的研究上，较之财务困境预测与财务困境本身的研究而言，都具有比较明显的三个方面的特征：起步晚、数量少、研究内容比较窄。国外对财务困境恢复的研究始于 20 世纪 80 年代，相对于困境预测与困境本身，该方面的研究数量比较有限，而且多集中在困境恢复的影响因素及困境公司战略措施上。我国在该方面的研究则更少。本章主要针对国内现有的财务困境文献进行全面梳理汇总，分析研究现状，构建我国财务困境研究体系，确定本研究的领域及方向。

2.2.1 文献梳理

不同于国外的早在 20 世纪 30 年代就开始财务困境问题探索，我国对财务困境的研究始于 20 世纪 80 年代末期，学术界比较认可的起点是吴世农等发表于《中国经济问题》（1987 年第 6 期）的《企业破产的分析指标和预测模型》。从 1987 年至今，我国对于财务困境已积累了 20 多年计 800 多篇研究成果，涉及财务困境的方方面面。接下来，我们对这些文献进行汇总梳理，以备后续分类使用。

截止到 2012 年 12 月，在中国知网上可以搜索到关于我国财务困境的有效研究文献共837篇。其中,通过"篇名"搜索"财务困境"共829篇选择806篇(舍弃的23篇文献中8篇重复文献、11篇不相关文献、2篇个人理财困境、2篇报纸新闻资料);通过"财务困难"搜索13篇选择11篇;通过"困境公司"、"ST摘帽"、"ST公司"去掉搜索过程中已被选择过的文献和不相关文献,增加19篇;加上我国财务困境研究中大家公认的起点研究,即吴世农、黄世忠发表于《中国经济问题》(1987年6期)上的《企业破产的分析指标和预测模型》1篇,有效文献共计837篇[①]。具体见表2-1:

表2-1 财务困境研究文献汇总

篇名关键词	财务困境	财务困难	困境公司	ST公司	ST摘帽	起点研究	合计
有效文献数量	806	11	8	3	8	1	837

首先,从研究对象看(见图2-1),我国现有的837篇财务困境研究文献绝大部分以企业作为研究对象,其中针对上市公司445篇,非上市一般性企业232篇,二者合计占到了80%以上;其他研究对象(主要针对财务困境方法)109篇,行政事业单位财务困境研究45篇,针对金融类企业的研究只有6篇,数量最少。

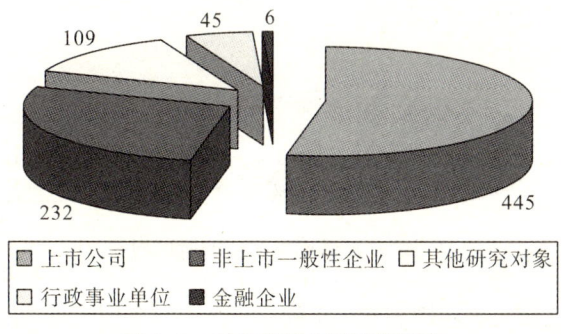

图2-1 财务困境文献研究对象

其次,从文献来源和研究内容看(见图2-2,图2-3),我国财务困境文献绝大多数发表于各种期刊,硕士论文数量也不少,但博士论文数量偏低。我们认为,博士论文相较于硕士论文,其研究范围更加广泛,对问题的分析更具有深度。当前博士论文数量较少说明该研究领域的质量和深度有待提升;同时,现有文献绝大部分集中在对财务困境的预测、预警以及财务困境本身的研

---

① 彭韶兵、邢精平(2005)认为从管理角度看"财务危机"要严重于"财务困境"。本书认同该观点,故从文献选取上没有从"财务危机"角度进行。

究上，针对困境发生后的财务困境恢复方面的研究很少。这可能源于两点：其一，国外财务困境恢复研究比预测研究晚了近半个世纪，我国在上个世纪80年代开始对财务困境进行初始研究时，国外的恢复研究刚刚起步，尚没有经典的可借鉴文献；其二，我国财务困境预警、困境本身的研究还没有完全成熟，针对困境恢复进行研究可能有一定难度。但无论何种原因，都为后来学者的研究留下了空间。

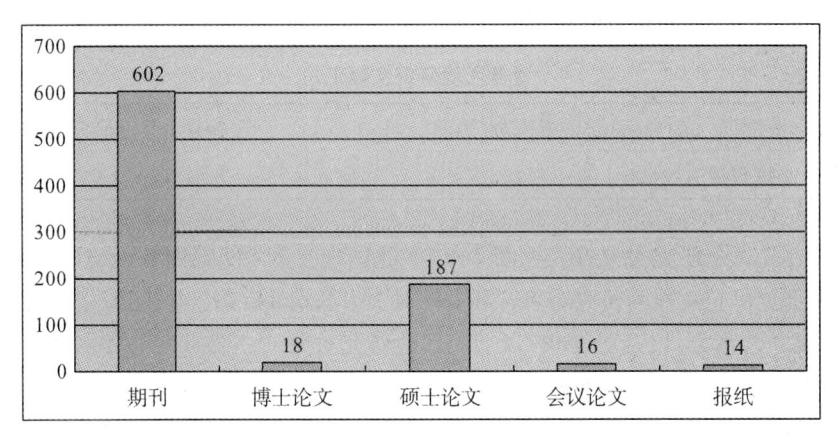

图 2-2 财务困境研究文献的来源

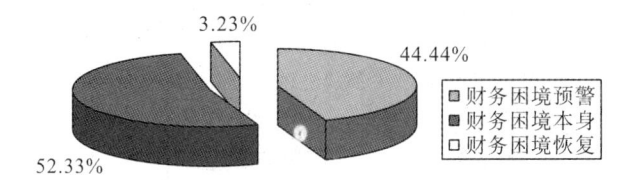

图 2-3 财务困境文献的研究内容

最后，从文献发表年度和学术贡献看，我国财务困境研究始于 20 世纪 80 年代，1999 年以前共 20 篇，从 2000 至 2012 年间，几乎每年在数量上都有所增长。大量文献涌现是在 2007 年以后，除了 2011 稍微低一些，基本上每年的文献数量都在 100 篇左右，见图 2-4，说明近些年我国财务困境的研究很是火热。在学术贡献方面，针对这些财务困境研究文献的引用次数从 0 次至 1823 次不等，现有 837 篇文献中 0 引用比例占 43.61%，10 次以上被引用的文献仅 104 篇，仅占 12.43%，被引用 100 次以上的文献有 7 篇。即现有财务困境研究成果中，既包括被高引用的学术精品，又包括近一半的不能为其他研究者所用的文献成果，学术水平差距较大。考虑到 2012 年文献的出版时间较晚，可能导致其引用率偏低，我们将该年的 102 篇文献去掉，剩余 2011 年及以前的共

735篇文献再进行分析，所得结果与前述情况差异不大，现有绝大部分财务困境研究成果的学术贡献不高。

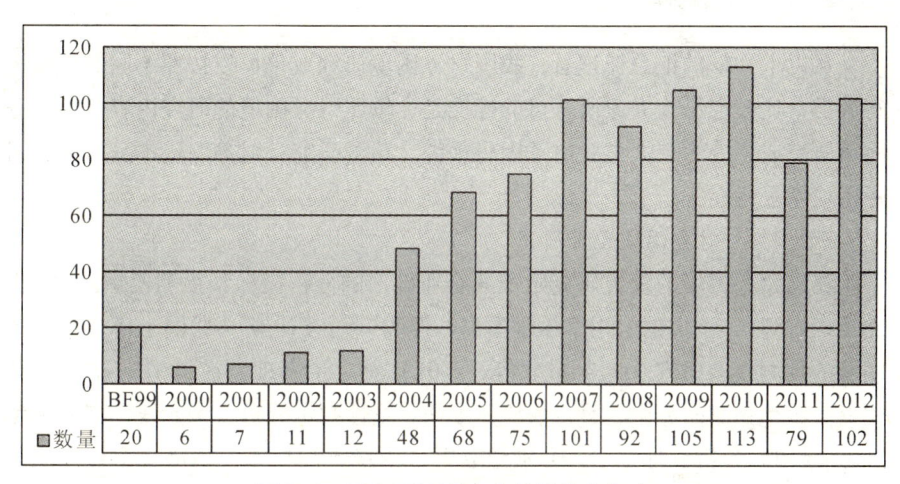

	BF99	2000	2001	2002	2003	2004	2005	2006	2007	2008	2009	2010	2011	2012
数量	20	6	7	11	12	48	68	75	101	92	105	113	79	102

图 2-4　财务困境研究文献的发表年度

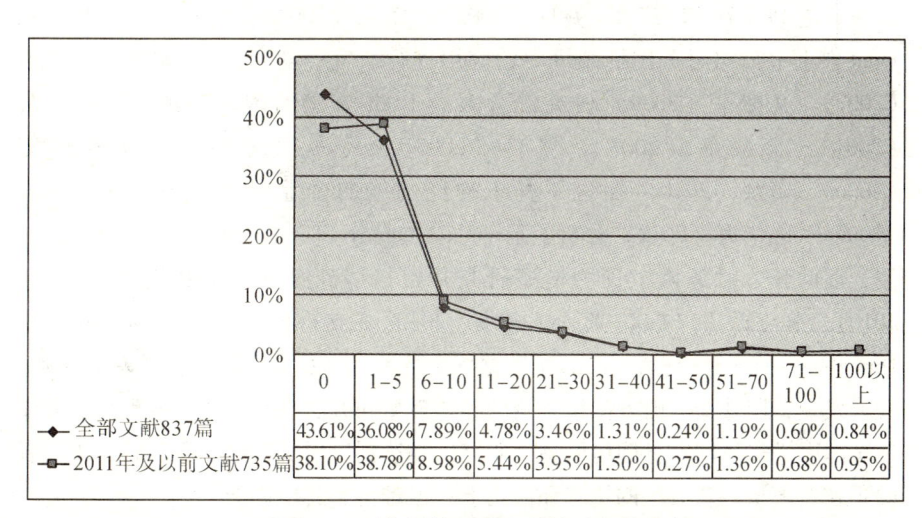

	0	1-5	6-10	11-20	21-30	31-40	41-50	51-70	71-100	100以上
全部文献837篇	43.61%	36.08%	7.89%	4.78%	3.46%	1.31%	0.24%	1.19%	0.60%	0.84%
2011年及以前文献735篇	38.10%	38.78%	8.98%	5.44%	3.95%	1.50%	0.27%	1.36%	0.68%	0.95%

图 2-5　财务困境研究文献的引用情况

综上所述，我国现有财务困境研究成果比较丰富，且绝大部分以企业为切入点，针对其他对象研究较少，这与企业的运营模式和市场环境有关；同时，从现有成果的研究内容来看，财务困境预测、财务困境本身研究较多，财务困境恢复方面的研究文献较少；同时，研究成果水平参差不齐，少数高质量、学术贡献大的成果和大量的中等研究水平成果及一些低质量的大家相互模仿的

"伪成果"并存。

2.2.2 文献分类

从以上文献的汇总梳理看,我国财务困境研究成果可以按照不同的角度进行分类,比较容易为大家所认可的标准是,按照财务困境的研究内容,将财务困境研究成果分为三大类:财务困境预警、预测研究;财务困境本身研究;财务困境恢复研究。

2.2.2.1 财务困境预警研究

我国财务困境的预警研究始于《企业破产的分析指标和预测模型》(吴世农等,1987),该文的引用率尽管不高,但为其后续研究《我国上市公司财务困境的预测模型研究》(吴世农等,2001)奠定了基础。在2001年的上市公司财务困境预测研究中,吴世农应用Fisher线性判定分析、多元线性回归模型和Logit回归分析三种方法,分别建立财务困境预测模型。该篇文章自发表以来为后续财务困境研究开启了思路,其引用率在所有财务困境研究文献中居于最高,达1823次[①]。其后,乔卓(2002)、姜天(2004)、庄永友(2006)就Logit在上市公司财务困境预警中的应用进行研究;刘彦文(2007)、鲜文铎(2007)、文拥军(2009)研究混合多类Logit方法的困境预测模型;张昕(2001)、薛峰等(2003)、张玲(2005)、马喜德(2005)、庞素琳等(2006)、龚斌(2010)探讨了基于神经网络的企业财务困境预测;陈磊(2007)、陈艳梅(2012)分析了基于危险主成分COX模型的财务困境预测应用;近两年,财务困境预测模型研究开始拓展到互补双对数模型(肖珉,2010)、遗传算法(韩建光、赵冠华;2010)、支持向量机(肖智,2010)、Dirichlet模型(易莹莹,2012)、数据挖掘技术(卜耀华,2012)等新的领域。我们发现,国外关于财务困境预测的经典模型和方法在我国的困境预测研究中已全部引进,我国财务困境的预警研究已经达到比较成熟的阶段,后续研究者除了在新模型、新方法的构建和使用上,很难再有其他创新。

2.2.2.2 财务困境本身研究

随着财务困境预警研究的启动,针对困境本身的研究成果也开始大量涌现。20世纪90年代,该方面的研究主要是对财务困境原因与对策进行简单探讨,缺乏深刻的思考和学术性。2000年,陈晓等较为系统地论述了企业财务困境研究的理论、方法及应用,此后,财务困境本身的研究成果逐渐丰硕。当

[①] 指从文章发表至2012年12月该文献被引用次数。

前,针对财务困境本身的研究主要包括以下几个方面:

(1) 概念和综述类。李秉成(2003)、王耀(2007)、符大海(2010)分别针对财务困境概念和边界进行探讨;陈文俊(2005)、赵丽琼等(2007)对财务困境研究进行综述;章之旺、吴世农(2006),张培莉(2006),胡向坤(2012),玉花(2012)针对财务困境成本理论、实证方法和计量模型进行综述研究;黄卫、周进、蒲文燕(2010)就公司治理、管理者特征、管理者过度自信与财务困境关系进行综述研究;李薇(2012)对高校财务困境研究进行梳理和评述。

(2) 方法类。主要包括对财务困境的判别(赵宇恒,2003),(李志毅,2003),(殷尹,2004);分析(李波,2004);估值(刘安,2004);识别(王国红,2006),(韩立岩,2011),(刘启明,2012)。这些判别、分析、估值、识别主要涉及不同的研究方法,如解释结构模型和CART树(赵晶,2012),结构支持向量(韩立岩,2011),COX模型(江一涛,2011),Z模型(周仁全,2008),贝叶斯概率估计(殷尹,2004)等。这些文献与财务困境预测文献很难完全区分,本书的划分标准是:没有明确的预测、预警信息,主要针对困境本身的判别、估计、估值、应用等方法性研究归属于此类。

(3) 困境公司行为类。这些文献主要研究财务困境公司的不同行为及其后果:如困境公司的筹资、投资、成本、盈余管理、破产重组等。易伟(2007)对财务困境公司的筹资行为及其有效性进行了分析;黄国轩(2003)、敖宏(2006)、张功富等(2007)、朱洁(2012)研究了财务困境公司的投资行为;谢宗成(2008)分析了财务困境公司在被ST前后年度的盈余管理状况,甘晓凡(2010)研究了新准则下ST公司盈余管理程度,李志云等(2012)探讨了困境公司盈余管理的动机;冼国明等(2003)就财务困境公司债务重组博弈进行了分析,赵丽琼等(2009、2008、2011)就困境公司的重组战略、重组的市场反应和股价效应进行研究,赵丽琼(2009)、张华蓉(2011)分析了困境公司重组的绩效。

(4) 财务困境成本类。对于企业财务困境成本的研究近些年也取得比较丰硕的成果:吕长江等(2004)、廖冠民等(2006)深入探讨了财务困境、股权结构、困境成本与公司绩效的关系,戚拥军等(2007)分析了利益相关者视角下的财务困境成本与收益问题,黄辉(2007)、张波涛(2008)、袁淳(2010)、张培莉等(2010)分别就公司治理、认知偏差、所得税、政府干预、股权结构与财务困境成本的关系进行了研究,吴世农等(2005)、章之旺等(2008)、鲍新中等(2009)则就财务困境成本的影响因素进行了深入分析。

（5）与困境公司关系类。很多学者试图从不同的角度探讨其与财务困境公司的关系。邓晓岚（2007）、王耀（2007）用实证方法证明困境公司治理的弱化特征，王志伟（2004）、王宗军（2007）、钱忠华（2009）、李伟（2010）研究了公司治理与财务困境的关系；廖冠民等（2006）、郑海燕（2009）则从更细致的股权结构角度进行研究；章之旺等（2005）阐述了财务困境与公司业绩的关系；沈艺峰（2007）、吴粒（2007）分别就高管和事务所变更对财务困境的影响进行研究；龚凯颂等（2005）、王克敏（2006）、肖斌（2007）、蔡玉（2007）分别从对外担保、权利配置、债权人治理角度探讨其与公司财务困境的关系。

综上所述，我国对于财务困境本身的研究成果数量很多，角度也比较全面。但是，这些研究比较零乱，且数量多于质量①。每一个新角度出现后受到研究者的追捧，会出现大量的类似文献，但这些后续研究的创新点不足，研究质量有待提升。大量研究成果的数量汇集最终必成质的突破，该领域新的研究方向应是对于困境本身的机理进行精品研究，探求指导财务困境公司行为的理论方针。

2.2.2.3 财务困境恢复研究

截止到 2012 年 12 月，我国对于财务困境恢复的研究文献共 27 篇，具体情况见表 2-2：

表 2-2　　　　　　　　　　　财务困境恢复研究文献汇总

序号	篇名	作者	文献来源	发表时间	被引用频次
1	证券发行管制下的地方"护租"与上市公司财务困境风险化解	章铁生 徐德信 余　浩	会计研究	201208	0
2	我国上市公司财务困境恢复的影响因素研究	尹　斌	会计之友	201206	0
3	CEO变更与财务困境恢复——基于ST上市公司"摘帽"的实证研究	过新伟 胡　晓	首都经济贸易大学学报	201205	1
4	后金融危机时代财务困境企业解困的路径选择	颜秀春 徐　晞	统计与决策	201202	0

---

① 针对财务困境本身研究的419篇文献中：202篇0引用，0引用比例48.21%，远高于全部文献的0引用比例43.61%（见图2-5）。

表2-2(续)

序号	篇名	作者	文献来源	发表时间	被引用频次
5	基于Cox比例危险模型的制造业财务困境恢复研究	倪中新 张 杨	统计与信息论坛	201201	1
6	上市公司解除财务困境的影响因素研究	任冠军	安徽大学（硕士论文）	201104	1
7	高管报酬激励与困境公司的恢复	赵丽琼	经济研究导刊	201012	1
8	上市公司治理结构对财务困境恢复影响的分析	路 璐	中国科学技术大学	201004	1
9	通过不同方式进行摘帽的ST公司后续发展能力对比研究	马 莎 李燕梅	中国经贸导刊	200912	1
10	董事会特征与困境公司的恢复——基于中国上市公司的实证分析	赵丽琼 张庆芳	工业技术经济	200908	1
11	上市公司解除财务困境影响因素的实证分析	颜秀春	山东财政学院学报	200908	2
12	我国上市公司财务困境恢复影响因素研究	董保国	厦门大学（硕士论文）	200904	0
13	ST公司摘帽后债务融资结构与公司绩效关系的研究	张雨菱	暨南大学（硕士论文）	200809	4
14	股权结构特征与困境公司恢复——基于中国上市公司的实证分析	赵丽琼 柯大钢	经济与管理研究	200809	2
15	我国财务困境公司恢复过程预测研究	赵丽琼 柯大钢	统计与决策	200807	4
16	中小企业如何走出财务困境	陈 英	商业研究	200809	9
17	探讨企业摆脱财务困境的出路——以"夏新电子"的发展轨迹为例	杨 涵	财会学习	200808	1
18	探索小企业走出财务困境的途径	丰 俊	财政监督	200707	0
19	五种手段帮助企业走出财务困境	徐 茜	中国农业会计	200611	0
20	走出民营企业的财务困境	王 静	河南财税高等专科学校校报	200403	1

表2-2(续)

序号	篇名	作者	文献来源	发表时间	被引用频次
21	走出财务困境	文进平	通信企业管理	200210	0
22	略谈国有企业如何摆脱财务困境	黄平	经济师	199512	0
23	我国运输企业的财务困境与出路	林强	南开经济研究	199408	0
24	国有企业财务困境与出路	苏宁 卢中原	财贸经济	199408	0
25	企业突破财务困境的十条对策	王军	管理评论	199405	0
26	行政事业单位面临的财务困境及其出路	易延凤	湖湘论坛	199303	0
27	上海自行车厂缓解一时财务困境的若干措施	朱关祥	上海会计	198904	0

从表2-2中的有限的27篇文献可见：我国财务困境恢复研究在早期主要集中于简单的对策建议类，从1989年至2008年间共有此类文献12篇，且引用频次不高。尽管2008年陈英在《商业研究》上所发《中小企业如何走出财务困境》目前引用次数为9，有一定的学术贡献，但其主要聚焦点其实不是财务困境而更偏重于中小企业的融资问题。所以严格来说，我国真正对于财务困境恢复的研究始于赵丽琼、柯大钢（2008）《我国财务困境公司恢复过程预测研究》："虽然文章存在初始指标选取主观性过强的缺陷，但是作为财务困境恢复研究的重要尝试是非常有意义的。"此后，学者们开始就财务困境恢复的不同角度展开研究：赵丽琼、柯大刚（2008）以1998—2002年被ST公司为样本，采用logistic模型建立了财务困境恢复的预测模型，发现财务困境恢复与困境严重程度负相关，而与自由资产数量和效率主导战略呈正相关关系。接下来，赵丽琼等（2008，2009，2010）就股权结构、董事会特征、高管激励与财务困境恢复的关系进行检验，发现这些公司治理结构特征对财务困境恢复均有积极作用。过新伟（2012）就CEO变更研究发现：公司财务困境期间非正常更换CEO对于困境恢复具有显著积极作用；在其他条件相同时，有职业经验继任者比无职业经验继任者更能显著帮助困境公司摆脱危机；而具有职业经验的CEO继任者中，外部继任者的作用大于内部继任者。倪中新等（2012）利用生存分析中的Cox比例危险模型对上市公司陷入财务困境后影响其成功恢复的因素进行实证研究发现：困境公司能否顺

利摆脱困境受到财务和公司治理因素的共同影响。董保国（2009）、尹斌（2012）就上市公司财务困境恢复影响因素进行实证检验，发现对财务困境恢复具有显著性影响的因素既包括公司偿债能力、盈利能力等财务指标，又包括宏观经济形势以及是否更换高管等非财务指标。

总体来说，我国财务困境恢复研究起步较晚，研究成果数量较少，除了章铁生在2012年所发表的《证券发行管制下的地方护租与上市公司财务困境风险化解》之外，高层次的文献几乎还没有。现有研究视角大多沿袭之前对财务困境预测、财务困境本身的研究思路，缺乏新的研究角度。相对于以往的研究成果来看，财务困境恢复可研究的内容和角度大量存在，支撑整个困境恢复的研究成果有待从数量和质量上大幅度提高。

2.2.3 研究体系架构

财务困境是任何一个微观企业在市场交易过程中可能会随时面临的一种境地，企业对于困境的管理可以遵循管理学中常见的"事前、事中、事后"管理模式。对于财务困境的研究，我们也可以困境作为事件本身，按照事前（困境预警、预测）、事中（困境本身的多角度研究）和事后（即困境发生之后如何恢复）的研究思路进行研究体系的架构（和丽芬、朱学义、苏海雁，2013）。也就是说，将现有的财务困境研究成果看做是一个整体，该体系由财务困境的事前预警研究、事中自身研究、事后恢复性研究三部分内容共同支撑，见图2-6。

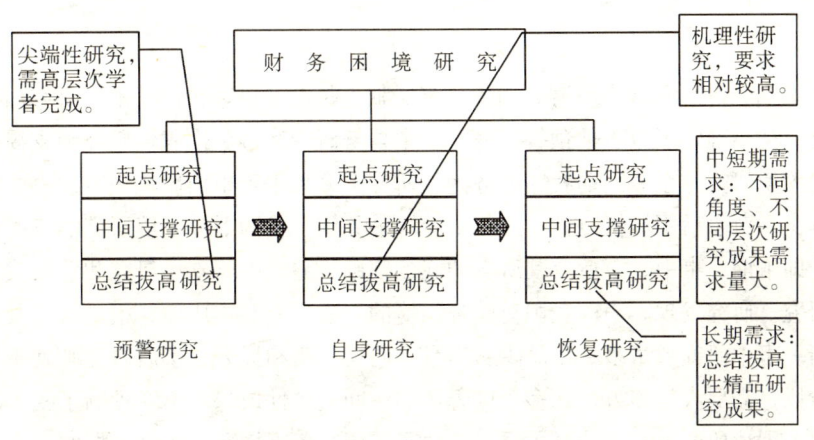

图2-6 我国财务困境研究体系

由图2-6的研究体系可见，财务困境研究分为三大类，每一类别的研究又可分为三个层次：起点研究、中间支撑性研究和总结拔高研究。起点研究是指该领域最早的、具有意义的初始性研究，如财务困境预警研究中的《企业破产的分析指标和预测模型》（吴世农等，1987）；财务困境本身研究中的《企业财务困境研究的理论、方法及应用》（陈晓等，2000）；财务困境恢复研究中的《我国财务困境公司恢复过程预测研究》（赵丽琼等，2008）。中间支撑性研究是指继初始研究之后，后续研究者所跟进的大量中等水平研究成果，可能会有重复性研究，也可能会有纯为发表而拼凑的文章成果，研究数量会很多，但水平不会特别理想。总结拔高研究则是指当某一领域研究成果已经非常丰富，一般研究者很难再有新角度和新思路，需要高层次学者对其进行尖端性的总结和拔高。该类别研究会有较大难度，也是当前财务困境各类别研究中普遍缺少的成果。

当前，财务困境研究体系中的预警研究类别在我国已达到比较成熟的阶段，其研究空白点在于该类别的第三层次，即新的困境预测模型和方法的探索，需要高水平学者完成；财务困境本身角度研究的文献数量目前也很多，角度也比较全面，但比较零乱，且总结拔高性文献欠缺，需较高层次学者就财务困境机理进行精品研究，弥补该领域的空白；对于财务困境恢复类别的研究，我国目前尚处于起步阶段，尽管一些新的研究视角出现，但远不能满足现实需求。该领域的中间支撑性研究成果大量欠缺，需要各层次研究者去填补。这也是本书研究的落脚点。

2.3 本章小结

本章通过对我国当前财务困境研究文献进行汇总梳理，依据不同研究内容分类，初步确定了以事前预警研究、事中自身研究和事后恢复性研究为支撑的财务困境研究体系。当前我国财务困境研究大多集中于事前困境预警和事中困境本身，对事后困境恢复性研究较少。本书界定了我国财务困境研究的三类九层：即事前、事中、事后及其所属的起点基础研究、中间支撑研究和总结拔高性研究。研究发现，当前我国对财务困境的事前研究基本成熟，很难再有其他创新；事中研究数量多、精品少，质量上尚需拔高和提升；事后研究则处于起步阶段，需要大量多方位、多角度思考的中间支撑性成果。本章理顺了我国现有财务困境研究文献的分类关系，构建了我国财务困境研究体系，探明了未来不同层次学者应关注的领域，并确定了本书的研究方向。

3 制度背景与理论分析

3.1 制度背景

以重组视角研究上市公司财务困境恢复即 ST 公司摘帽问题，必须充分考虑我国的制度背景，主要包括证券市场的 IPO 制度、退市制度与 ST 或 *ST 制度以及法人大股东的集中控制。

3.1.1 证券市场的 IPO 制度

IPO（Initial public offering）制度，即新股发行制度，是证券市场的基础制度，其合理性与完善程度直接决定进入证券市场的上市公司质量，间接影响进入或即将进入证券市场的各项资源的利用效率，以及资本市场的稳定与发展。IPO 有狭义和广义两种理解：狭义的 IPO 制度，主要指发行审核制度或发行监管制度；广义的 IPO 制度还包括发行机制等与股票发行上市有关的所有制度安排。我们此处所讨论的是狭义 IPO 制度。

为了规范不断发展中的证券市场，我国的发行监管制度也在不断变迁。按照管理特征，可以分为三个阶段：

（1）1991—1998 年的审批制时期。由于我国经济体制改革的政府推动并主导的客观性特征，证券市场最初的发行制度也很自然地采取了审批制方法。该阶段的股票发行有如下几个特点：第一，额度管理。1993 年，我国提出"总量控制、划分额度"的方法，对我国股票发行规模和发行企业数量进行双重控制。具体做法是：每年首先确定公开发行股票数量的总规模（额度），然后将这些额度在各地区和部门之间进行切分，之后各地区和部门按照所分配额度选择上市公司。第二，两级审批。拟发行证券的企业先向当地政府、中央部委提交额度申请，第一级的额度审批获准通过之后，再报送证监会进行第二级的资格审批。第三，倾向选择国有大型企业。我国证券市场设立的初衷是为经营不善陷入困境的国有企业筹集资金，因此，在制度安排上对其倾斜，也是很自然的选择。第四，规定新股发行价格。新股发行价格一律按照市盈率法计算，即"发行价＝每股税后利润×发行市盈率"，其中，发行市盈率固定在13~15倍之间，由证监会决定。第五，增量发行。国家股和法人股不流通，只有在额度内向社会公众投资者发行的新股才进入二级市场流通交易。由以上特点看出，审批制阶段的股票发行，无论是上市公司选择、股票发行价格确定，还是发行数量，都是行政审批的结果。在这种制度安排下，股票发行成为一种变相的资金分配，上市额度属于严重稀缺资源，企业对行政部门的依附关系增强，上市公司的行为选择被扭曲，这些都为日后上市公司的大股东"侵占"和业绩下降埋下了隐患。

（2）1999—2003年的核准制时期。随着1999年《证券法》的实施，行政审批制度逐渐向核准制过渡。主要变化有：第一，取消了额度控制，企业可根据市场供求状况、自身对资金的需求和企业资本结构自主确定发行规模；第二，采用网下累计投标询价和网上累计投标询价等方式协商确定新股发行价格；第三，取消了地方政府和主管机构的推荐职能，由证监会作为核准者，根据相关规定和股票上市条件对公司的发行资格进行审核，并做出其是否上市的核准决定。在核准制要求下，很多企业由于经营质量低下，达不到上市所要求的利润和资产质量标准，所以采取剥离优质资产分拆方式支持其子公司成功上市。这种分拆使得上市子公司与其控股母公司之间存在密切联系，往往滋生大量关联交易，加之当时控股股东所持股份的非流通性特征，严重影响上市公司股东财富价值的实现。

（3）2004年以后的企业上市保荐制度。保荐制是指由保荐人负责对发行人的上市推荐和辅导，核实公司发行文件与上市公司文件中所载资料是否真实、准确、完整，协助发行人建立严格的信息披露制度，并承担风险防范责任。我国的保荐制度始于2004年2月1日起开始实施的《证券发行上市保荐制度暂行办法》。该办法对企业发行上市提出了"双保"要求，明确了保荐责任和保荐期限，建立了监管部门对保荐机构和保荐代表人实行责任追究的监管机制。相较于前两个阶段的IPO制度安排，保荐制度的市场化程度更高。它把以往由监管部门承担的市场风险转移到市场主体身上。同时，保荐中多层面的连带责任风险也迫使保荐人具备很高的业务素质和严谨的工作作风，从而促使其推荐质量好的企业上市。但是，当前关于保荐人的责任义务方面的相关法制还不健全，IPO过程中的各种"寻租"行为依然存在。

虽然历经三个发展阶段，证券市场 IPO 的审核制度本质并未改变。我国 IPO 制度从诞生至目前越来越处于各种争议乃至批评中，其根本原因在于，基于政府对经济运行的强烈"父爱"情结而设立的 IPO 审核制已经愈来愈不适应当前市场经济的发展：严格的上市门槛阻止了一批优秀但规模不够的新兴产业企业，而"权力把门并不能阻挡住不合格企业，反而给一些有政府资源的企业进入市场提供了保护'背书'"。涉及本书的研究问题是，一些已经严重亏损的 ST 公司及其控股股东想方设法要保住其珍贵的上市资格，往往采取大规模资产置换、剥离等重组策略，关联交易严重，不利于证券市场的优胜劣汰功能发挥作用。

3.1.2 退市制度与 ST 或 *ST 制度

退市又称终止上市或者摘牌，是指上市公司股票由于各种原因不再继续挂牌交易而退出证券市场。和 IPO 制度一样，退市制度也是证券市场建设的基础性制度之一。退市制度的实施有利于提高上市公司整体质量，以优胜劣汰机制净化市场，从而优化资源配置，提高对投资者的保护，促进证券市场的健康发展。

我国上市公司的退市制度源于 1994 年 7 月 1 日起开始实施的《公司法》。不过，该法只是初步规定了上市公司股票暂停上市和终止上市的条件，可操作性并不强。1998 年证监会引进了 ST 制度，对状况异常的上市公司实施特殊处理，予以特别监管。其核心内容是：对连续两个会计年度亏损的上市公司实行 ST，ST 公司股票的日涨跌幅度限制为 5%，中期财务报告必须经过审计。2001 年 2 月，证监会发布《亏损上市公司暂停上市和终止上市实施办法》，并于 2002 年 1 月修订实施。该办法规定，若上市公司连续三年亏损，其股票暂行上市，暂停上市期间如果年度净利润依然为负，则被摘牌退市。这是我国退市制度的正式启动。该退市制度的实施不仅从净利润指标对上市公司的暂停上市和退市做出规定，同时也为那些已陷入财务困境的 ST 公司的摘帽设置了原则性期限。暂停上市和退市的压力促使 ST 公司采取各种措施摆脱困境，重组对于 ST 公司的摘帽具有显著的效果（吕长江、赵宇恒，2007）。

2003 年 5 月，沪深交易所发布《关于对存在股票终止上市风险的公司加强风险警示等有关问题的通知》，开始启动"退市风险警示"即 *ST 制度。从此，我国证券市场上开始了 ST 与 *ST 并存的局面，而且人们习惯将两者合并简称为"ST"。

ST、*ST 制度，其设置的本意是将证券市场上的劣质股票与优质股票区分开来，使股民容易区分不同股票的风险，以便做出正确的投资决策，同时将不能如期摘帽的公司依法退市以实现优胜劣汰。然而，制度实施以来，特别处理公司暂停上市的不少，真正退市的却寥寥无几。2012年6月，《关于完善上海证交所上市公司退市制度的方案》、《关于改进和完善深圳证券交易所主板、中小企业板上市公司退市制度的方案》相继出台，退市法律规范又一次成为各方关注的焦点。按照新规定，退市标准主要包括：①上市公司最近一年年末净资产为负数，实行退市风险警示；②上市公司最近两年营业收入均低于1000万元，实行退市风险警示；最近三年营业收入均低于1000万元，暂停上市；最近四年营业收入均低于1000万元，终止上市。③连续三年被出具无法表示意见或否定意见的，终止上市。同时规定，被暂停上市的股票，发生下列情况将会被终止上市：①最近一年扣除非经常性损益前、后的净利润任一为负数；②最近一年营业收入低于1000万元；③最近一年期末净资产为负数；④最近一年财务会计报告被出具否定意见、无法表示意见或者保留意见；⑤保荐机构未就公司持续经营能力发表意见，或者其发表的意见不符合规定的要求；⑥保荐机构未就公司治理水平发表意见，或者其发表的意见不符合规定的要求。

可以说，新的退市规则对ST和*ST公司的摘帽时间、要求设置了具体的数量和非数量指标，各指标如期达到，则能继续交易，否则面临摘牌退市。同时，上交所在其《退市制度方案》中明确表示：即将启动风险警示板块。届时，ST或*ST公司股票将与退市整理公司、重新上市公司的股票一并纳入风险警示板进行交易。可以说，ST或*ST公司面临着比以往任何时候都更加严峻的挑战。

作为新的退市制度的一个缓和，沪深交易所于2012年7月先后发布再次修改的《股票上市规则》，不再将"扣除非经常性损益后的净利润为正①"作为ST公司摘帽的必要条件。该项规定的变革为ST或*ST公司的重组摘帽提供了更为充分的运作空间。

3.1.3 法人大股东集中控制

我国证券市场的历史背景造就了法人大股东的集中控制。上个世纪90年代初，我国证券市场建立，其直接目的便是为国企筹集资金。很多国企经营状

---

① 2001年6月开始，沪深交易所将"扣除非经常性损益后的净利润为正"作为ST公司的摘帽条件之一。

况不佳，为了达到法律规定的上市条件（比如净资产收益率、主营业务突出、减少关联交易、避免同业竞争），在改组为股份有限公司之前往往会剥离部分资产，只将符合上市要求的高质量资产注入股份有限公司，原有企业成为股份公司的母公司。后来，随着IPO制度的不断发展，一部分在当地做大做强的民营企业集团也在政府支持下采取以上模式将其控股公司成功上市。这造就了我国证券市场上法人股东集中控制特征。以2012年上市公司为例，2469家A股上市公司中，第一大股东为法人的公司家数为1895家，占比76.75%。如果扣除创业板的355家公司，沪、深两市2114家A股上市公司中，法人大股东公司数为1772家，占比83.82%，自然人大股东公司比例仅为16.18%，见图3-1。

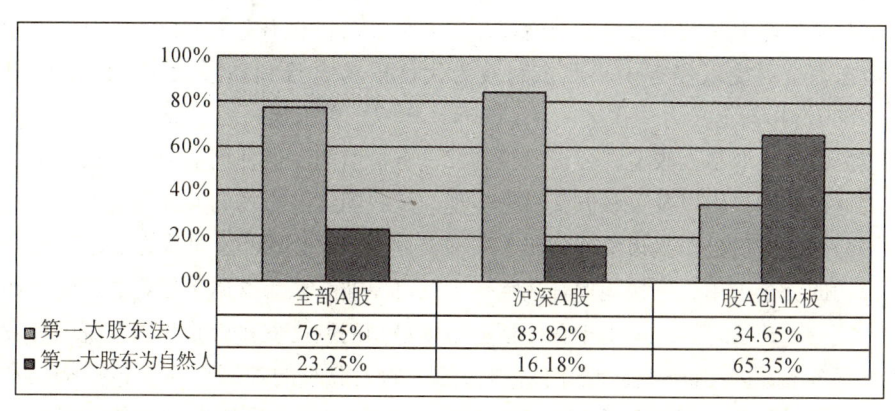

	全部A股	沪深A股	股A创业板
第一大股东法人	76.75%	83.82%	34.65%
第一大股东为自然人	23.25%	16.18%	65.35%

图3-1　2012年A股上市公司第一大股东情况

另外，这些大股东的持股比例也非常集中。见表3-1，2012年A股上市公司中，第一大股东持股比例在50%以上的公司共521家，占全部A股上市公司数的20%以上。其中，最高持股比例达89.41%；第一大股东持股比例在30%以上的公司共1469家，占全部A股公司数量的60%左右；第一大股东持股比例在10%以下的公司仅42家，占全部A股公司的1.7%。法人大股东集中控制的属性显现无疑。事实上，我国证券市场的这种大股东集中控制由来已久，见表3-2。2005年及以前，第一大股东持股比例平均在40%以上，而前两大股东持股比例均在50%以上。2005年4月证监会正式启动股权分置改革，2006年的股权过度集中情况稍有缓解，第一大股东持股比例从2006—2012年一直稳定在36%左右的水平，前两大股东持股比例则在45%左右。然而，结合表3-1、图3-1的情况看，证券市场的法人大股东集中控制特性依然非常明显。

3　制度背景与理论分析 | 39

表 3-1　　　　　　　2012 年 A 股上市公司控股股东持股情况

持股比例	50%以上	40%-50%	30%-40%	20%-30%	10%-20%	10%以下	合计
公司家数	521	429	519	645	313	42	2469
比例（%）	21.10	17.38	21.02	26.12	12.68	1.70	100

注：此表根据中国证监会《中国证券期货统计年鉴（2012）》与国泰安数据库资料共同计算得到。

Shleifer 和 Vishney（1986）认为，高股权集中度相对于分散的股权特征，有利于所有者与经营者之间代理冲突的缓解。因为大股东有能力且有动力对公司管理者进行监督和约束，导致代理成本相应降低。然而，股权集中度的提高，也会导致新的代理问题——大股东与小股东的利益冲突出现。因为大股东有足够的能力和动机参与公司治理，在大小股东利益不完全重合的情况下，大股东完全可以以侵害中小股东利益为代价谋求自身利益最大化。Johnson 等（2000）将其定义为"掏空"。La Porta（1997）曾提出：控股股东可以掏空上市公司来获取私人收益，公司的控制权是有价值的。这种掏空和控制权价值主要通过并购重组以及关联方交易来实现。从我国证券市场的实际情况看，因为母公司在股份公司上市前期做出了很多"牺牲"，很多母公司认为自己对上市公司的资金占用、巨额担保等掏空行为无可厚非，认为这属于后者的反哺，而不是一种违法行为。又由于我国证券市场最初的制度安排就是为国企脱困和发展服务的，因此证券监管部门对作为国企的大股东的控制行为（包括掏空和盈余操纵行为）经常采取睁一只眼闭一只眼的态度，导致大股东的上述控制行为更加随心所欲和无所顾忌。然而，也有研究发现，大股东对上市公司，除了掏空之外，也可能提供"支持"（Friedman 等，2003）。即大股东既有把资源从上市公司转移出去的动机，也有向上市公司输送资源的动力。支持的原因可能是多方面的，比如整合产业链、取得协同效应、获取私人收益（大股东可能会利用其在董事会的权力，负向影响增发新股价格从而换取更多的新发股票数量）。然而，最可令人信服的一种观点是，"支持"是为了使处于财务困境中的上市公司摆脱困境，满足监管部门对 ST 与 *ST 公司摘帽的明线规定。Johnson、Boone、Breach 和 Friedman（2000）的研究就曾发现：当公司的投资回报率暂时较低，为了保持未来继续掏空的能力，控股股东将采取各种方式支持上市公司。所以，这种支持的目的并非仅为了支持，而是支持后期望上市公司能够为自身带来更大化的利益，或者说，为了将来能够更多地掏空上市公司。只有将掏空、支持这两种看似相反的动机结合起来，对证券市场中大股东动机的分析才会更加客观和完整。

表 3-2　　　　1998—2012 年上市公司控股股东持股情况

年份	公司数量	第一大股东持股比例（%）	第二大股东持股比例（%）	前两大股东持股比例（%）	前五大股东持股比例（%）
1998	830	45.66	7.74	53.40	59.57
1999	922	45.44	7.99	53.43	59.69
2000	1085	44.30	8.24	52.54	58.73
2001	1133	44.03	8.29	52.32	58.49
2002	1198	43.45	8.74	52.19	58.65
2003	1259	42.50	9.26	51.76	58.59
2004	1346	41.63	9.83	51.46	58.77
2005	1344	40.30	9.84	50.14	57.46
2006	1427	36.22	9.20	45.42	52.79
2007	1545	35.97	8.97	44.94	52.22
2008	1600	36.26	8.95	45.21	52.32
2009	1749	36.59	8.94	45.53	52.99
2010	2051	36.55	9.36	45.91	54.11
2011	2320	36.18	9.64	45.82	54.31
2012	2469	36.32	9.69	46.01	54.43

注：表中 1998—2009 年数据摘自刘建勇《我国上市公司大股东资产注入动因及经济后果研究》（中国矿业大学博士论文，2011），2010—2012 年数据根据《中国证券期货统计年鉴（2012）》与国泰安数据库资料共同计算得到。

3.2　理论分析

上市公司财务困境恢复涉及两方面问题：财务困境成因和财务困境脱困。本书以重组行为选择视角对公司摆脱财务困境进行研究，因此，本章的理论分析主要包括两个方面：一是财务困境的形成理论，二是重组之于财务困境恢复理论。

3.2.1 财务困境形成理论

西方主要从破产成本理论、非均衡理论、代理理论、期权定价理论和契约理论来解释财务困境的成因：

(1) 破产成本理论。自从 MM 资本结构理论开创以来，以其为基础的企业融资行为研究不断被创新，企业破产成本理论是其中一个重要分支。Baxter (1967)[108]指出，在正常情况下，除非企业能够让债权人相信，融资企业自身所拥有的权益足够为将来的债务作为保障，否则它就不可能从债权人那里得到债务性融资。因此，任何一家企业都会存在一个"可以为债权人所接受的债务水平界限"。该界限主要取决于企业的经营获利情况。一旦企业的负债水平超过债权人可接受的界限，其平均资本成本会随债务水平的增高而加大，因而其发生破产的概率及可能性就增大。破产成本理论实质是对资本结构在破产成本量化过程中所发挥的作用进行探讨，其核心是由于平均资本成本增加而导致破产与财务困境。

(2) 非均衡理论。该理论主要用外部因素冲击来解释公司财务困境，如灾害理论（Catastrophe）。Ho and Saunders (1980) 首次将灾害理论应用于破产研究领域，他们使用灾害理论研究美国银行监管，发现银行的破产不是逐步衰落而引起的，而是一种由管制机构行为所引起的突然倒闭。另外一些研究则将破产与具体的经济原因联系在一起，如消费者偏好、市场结构、行业特征、公司生命周期等。

(3) 代理理论。代理理论基础源自于人们的有限理性（Bounded Rationality）、自利动机（Self-interest）与风险规避（Risk Aversion）三个假设。该理论将经济资源所有者定义为委托人，而把通过负责的方式使用及控制这些资源的经理人称作代理人。不管是委托人还是代理人，他们都是经济理性和自身效用的最大化者。在现代公司体系中，作为委托人的股东与作为代理人的公司管理者之间的利益并不总是一致，因而，管理者出于自利的动机，可能会做出不顾外在股东和债权人利益的行为，出台某些伤害公司的经营决策，以牺牲委托人的利益为代价而追求自身利益最大化（Jensen and Meckling, 1976）。如冲动并购以增加自己声誉，购置豪华私人设备，去国内外旅游胜地进行与公司经营联系并不大的所谓商务考察活动，这些都会增加公司的经营成本，甚至威胁其生存和导致其陷入财务困境。

(4) 期权定价理论。自从 Black-Scholes 于 1973 年发表关于期权的开拓性论文，即期权和公司债务的定价以来，期权定价理论就被广泛应用于公司的财务问题研究。从期权与公司资产价值关系角度看,负债经营的企业被看做由债权人持有的一组有价证券,公司股东则持有以该证券为标的物的一个看涨期权。当公司的总市值高于公司所欠的债务价值时,股东会行使看涨期权,即偿还所欠债务并继续拥有公司;反之,若公司的总市值低于其所欠的债务价值,股东会选择让公司破产,并把公司资产出售给那些看跌期权的持有者,即债权人将拥有公司。期权定价理论认为,企业破产的可能性与期权价值之间存在着直接的联系。

(5) 契约理论。该理论试图通过股东与债权人之间的潜在利益冲突对公司财务困境的形成进行研究。Altman and Haldeman (1995) 建立了一个专门研究公司破产过程的模型,该模型的三类参与者,即股东、银行和其他债权人形成一个契约体。如果公司只会处于两种状态:好的现金流状态与坏的现金流状态,并假设所有参与者都是风险中庸者,经理人员以股东利益最大化为目标。那么,公司的变现价值与其债务的账面价值之比会对公司的投资行为产生有很大影响。同时,公司债务的期限结构也是对投资效率产生显著影响的重要因素,银行短期借款在总负债额中的比率越大,公司的投资效率就会越高。反之,则会越低。高的投资效率无疑会提升公司价值,而较低的投资效率则可能使企业陷入困境。

3.2.2 重组之于财务困境恢复理论

重组之于财务困境恢复,实质是重组活动所产生的影响对财务困境恢复的作用。这种作用可以从重组的效率理论和信号传递理论来进行解释。

(1) 重组的效率理论。该理论认为,企业间的重组活动是一种能够为社会带来潜在增量效益的行为。通过重组,公司可以获得管理与资源利用的协同效应,从而为社会创造价值。根据对效率来源的不同解释,效率理论又可以分为效率差异化理论、经营协同效应理论、多角化经营理论和战略规划理论。

①效率差异化理论。重组效率理论的最一般解释是:重组双方在效率上存在差别。如A公司的管理者比B公司的管理者更有效率,那么在A公司收购B公司之后,B公司的管理效率会提升至A公司的水平,使得B公司的管理效率通过重组而得到提升。财务困境公司如果被一家管理效率更高的公司收购,则其提高管理水平和摆脱困境的可能性就大大增强。

②经营协同效应理论。经营协同效应是指重组双方通过重组行为使各自的生产经营活动在效率和效益方面有所提升,重组并购会产生优势互补、规模经济、市场占有率扩大等一系列的好处。经营协同效应理论假设行业中已经存在

规模经济，而并购前双方经营水平均达不到此规模经济要求，企业进行重组的一个重要的目的，就是为谋求双方的经营协同。如 A 方可以利用 B 方成熟的销售渠道，而 B 方也可利用 A 方高水平的管理团队。经营协同效应不仅可以扩大市场份额和降低成本，而且使重组双方达到各项资源的协同互补。

③多角化经营理论。多角度经营理论是基于经济学中"不要将所有鸡蛋放在一个篮子里"的理念，其目的就是扩大市场同时又合理规避风险。公司在单一经营模式下，其管理层和员工会承担较大的风险，一旦环境变化或不利政策出台冲击到公司经营业务，很可能使企业陷入困境。而分散的多角化经营模式可以分散股东投资回报来源，降低企业经营风险。对于困境公司而言，重组所带来的多角化经营会对原有业务的亏损进行补偿，甚而帮助公司盈利并扭转困境。

④战略规划理论。战略规划理论认为公司重组可以调整公司的短期或长期战略规划。财务困境公司陷入困境的原因尽管是多方面的，但积极行动、改变战略是其尽快恢复的重要手段。困境公司有时受限于严重亏损和流动性不足，不能很好地实施恢复战略，而重组可以为公司注入新的动力和资源，以促进公司调整战略和尽快脱困。

（2）重组的信号传递理论。重组的信号传递理论认为：上市公司进行并购重组，无论其重组行为最终成功与否，目标公司股价也会在收购过程中被重新提高估价。该理论在我国证券市场实践中的体现尤其明显。当 ST 或 *ST 公司发布重组意向公告，股价会在短时期内异动上涨。这是由于市场对重组信息的分析，考虑到重组后困境公司摘帽和双方业务领域合作的美好前景，以及当前公司股票价格可能被低估的可能性，投资者会加大该股票的持有量从而导致公司股票市场价格的上升。当然，如果重组未能成功或是即使成功而 ST 公司未能如期摘帽，股价又会迅速回跌，但是，一部分内幕信息拥有者却已获得了超额的回报。

3.2.3 本书的理论框架

以上的理论分析表明，重组由于对财务困境公司的业绩提升具有相应积极作用，无论是基于重组的效率理论还是信号传递的正能量作用，财务困境公司都具有重组的主动意愿。我们之前对制度背景的分析表明：新的退市制度出台以及 ST、*ST 制度规定使得财务困境公司面临"扭亏避退"的巨大压力，法人大股东集中控制、IPO 制度严格造成上市公司壳资源的珍贵和稀缺，又为财务困境公司重组渠道的开拓提供了便利和可能。因此，重组成为财务困境公司最频繁使用的恢复策略和手段。

Chong-en、Qiao and Frank（2004）曾以"控制权竞争"来解释中国 ST 公司的重组行为本质。本书认为，即使是股权分置改革已经完成，我国证券市场上大股东的集中控制依然存在，加上制度的不完备以及公司治理的不健全，使得控制权的争夺在我国证券市场上短期内会很少出现。因此，"控制权竞争"对该问题缺乏解释力。

就 ST 公司频繁重组的本质而言，本书更认同"支持性重组"观点（李哲等，2006）。鉴于控制权私有收益在我国较大规模存在（马磊，2007），而 ST 或 *ST 公司重组的对象选择会受到诸多限制，即便是重组成功，其摘帽与否也未可知。因此，控股股东的支持此时尤为重要。

然而，大股东的支持并不是无限制的。Polsiri 和 Wiwattanakantang（2004）曾对东南亚金融危机中泰国公司的重组行为进行研究，认为重组行为的本质是大股东对金融危机做出的反应。本书认为，这一论断颇具洞察性。财务困境公司的重组本质，其实是大股东面对上市公司困境时所做出的反应，这种反应最终体现在大股东对困境上市公司的重组行为选择上。困境公司是否重组、如何重组，公司资源的所有者即股东，尤其是控股股东具有最终的话语权。当公司困境程度较低，出于对未来控制权收益的预期，控股股东会做出支持性选择，通过资产重组方式向上市公司"输血"；当困境公司的困境程度加重，控股股东认为其自身支持能力不足以使得上市公司脱困，或是经过权衡这种支持的成本收益严重不对等，控股股东可能会更倾向于放弃对困境公司的控制权，即将上市公司的股权转让给其他法人，为上市公司寻找另一个支持主体。

基于此，我们从对上市公司重组行为最具有话语权的控股股东角度，可以将困境公司的重组选择分为三大类：内部重组、支持性重组与放弃式重组。内部重组是一种无需支持也无需转移的困境公司自我重整，这种重组行为选择一般是基于两种完全不同的情况：一是困境公司的困境程度较低，有能力自我恢复，另外一种则是由于困境公司的困境程度过高，正常的支持无法令其脱困，而转移控制权的重组却无人接手；支持性重组是 ST 或 *ST 公司的控股股东以重组的方式对困境公司实行的一种利益输送，可以通过困境公司的兼并收购、债务重组、资产剥离、资产置换、非控制权转移的股权转让等实现；放弃式重组指控股股东将所掌握的 ST 或 *ST 公司的控制权进行转让，由新的股东来控制该困境公司，并帮助其尽快脱困，其实质是控制权转移的一种股权转让重组方式。不同的重组选择对财务困境公司的脱困会产生影响，对投资者和困境公司针对困境恢复的预测会产生影响，对恢复之后的绩效状况也会产生影响。本书的理论框架如图 3-2 所示。

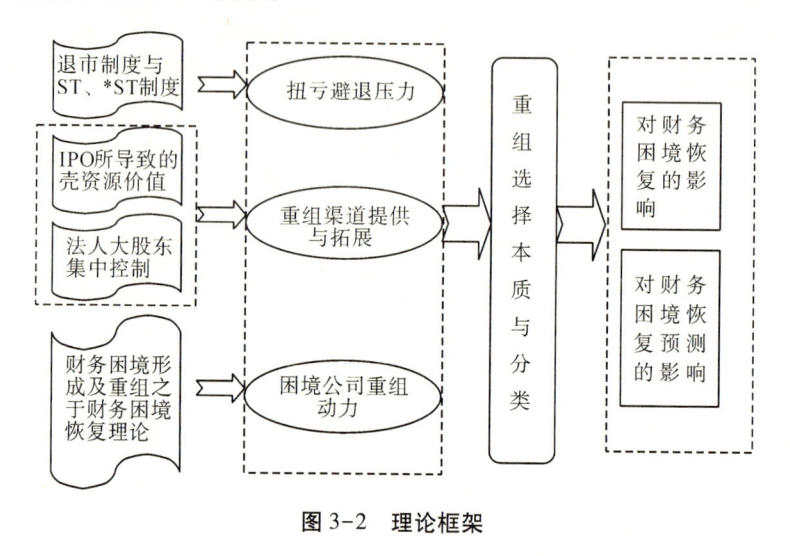

图 3-2　理论框架

3.3　本章小结

本章首先分析了我国财务困境公司重组恢复的制度背景，包括严格的 IPO 制度、新的退市制度与 ST、*ST 制度，以及证券市场历史所造就的法人大股东的集中控制。继而，文章依据财务困境形成、重组之于财务困境恢复的理论，从制度和理论两个方面解释我国财务困境公司频繁重组的客观现实及其本质，并最终确定本书的理论分析框架。具体如下：

（1）证券市场严格的 IPO 制度造成上市公司壳资源的稀缺与珍贵，这种壳资源价值一方面使得困境公司想方设法保住其上市资格和地位，另一方面也赢得重组方对其的青睐。

（2）新退市制度与 ST、*ST 制度规定使得困境上市公司面临"不摘则停"或"不恢复则退市"的生存压力，困境公司希望获得重组机会以扭转困境的愿望就更加强烈，而能否扭亏与重组方的支持方式与支持力度密切相关。

（3）控股股东出于对未来利益的综合考量，会根据困境公司的情况选择内部重组、支持性重组或放弃式重组。困境公司面对重组方的三种选择，会采取哪些应对策略？这三种重组分类，对困境公司未来的困境恢复、恢复预测的影响如何？本书将结合我国制度背景，对此展开深入探讨。

4 我国财务困境公司的重组行为选择及其影响

4.1 文献回顾

财务困境公司的重组行为选择影响是指已陷入困境的公司面对困境时所采取的重组行为选择对其财务困境恢复的影响。重组是对资源的一种重新优化调配，是"以实现资产最大增值为目的的不同企业之间或同一企业内部经济资源的重新配置和组合"，作为企业整合资源和提升效率的一种整顿手段，对财务困境公司而言，重组是其摆脱困境的一种有效运作方式。John，Lang and Netter（1992）曾提出，大企业在应对业绩降低时会自愿采取各种重组措施，如变更企业规模和扩大业务范围；Ofek（1993）的研究也发现，公司在业绩下降后会采取出售资产、关闭工厂、减少资本支出等重组策略；Kang etc.（1997）针对日本 1986—1990 年经营业绩下滑企业的重组活动进行研究后发现，这些企业采取出售资产、关闭厂房及并购和多元化措施，但不愿过多裁员；Denis and Kruse（2000）也提出了随着企业业绩下降，出现相当多的公司重组，并使企业业绩得以显著改善。

国内对于财务困境公司重组的研究主要针对 ST 公司展开，成果多集中于对 ST 公司重组的绩效评价上。为数不多的关于 ST 公司重组行为的研究包括：秦锋（2000）分析了 ST 公司的出路，发现资产重组是有效的脱困途径；杨薇、王伶（2002）则提出扭亏 ST 公司所采取的资产置换、债务重组等措施普遍存在与大股东的关联交易问题；李秉祥（2003）分析了 ST 公司的债务重组所存在的问题并给出具体的建议方式和策略。以上研究均从现状入手进行探讨，没有进行实证检验。李哲、何佳（2006）以 1998—2001 年被实施 ST 的上市公司为样本，考察困境公司摘帽的因素后发现，重组次数、规模对 ST 公司摘帽具有正向影响，通过资产置换方式进行重组的 ST 公司其摘帽几率明显增加；赵丽琼（2009）对 1998 至 2002 年陷入财务困境的 ST 公司的重组方式进行研究后则得出了与上述完全不同的结论：摘帽公司采取了更为频繁的兼并收购策略，而未摘帽公司则忙于资产置换和剥离。

从以上文献分析可以看出，重组对困境公司摆脱困境的作用与效果已得到国内外学者的一致认可。然而，针对困境公司具体重组行为的研究依然存在很多空白与遗憾，尤其是国内，样本数量少和时间跨度短（现有研究几乎全部集中于 1998—2002 年间的 ST 公司样本）是当前研究的共有缺陷，面对几乎相同的样本得出不同的分析结论也令后来的研究者迷惑。此外，重组次数、重组规模在我国报表重组盛行的十几年前有利于 ST 公司的摘帽，那么，在当前，其是否具有相同的价值和效果？ST 公司的重组时机在其摘帽过程中是否发挥作用？兼并与收购、资产置换与其他类型的资产重组方式，到底哪一种选择更有利于财务困境公司的恢复？曾处于不同困境程度的恢复公司，其重组方式选择是否存在差异？这些都是当前应当被关注的问题。本章就这些研究问题展开探讨和分析。

4.2 研究假设

对于困境公司的重组行为，西方比较成熟的理论解释包括效率协同和信号传递。这些理论从重组的目的与结果诠释了困境公司的行为选择。在我国，财务困境公司的重组呈现更为明显的关联方特征和政府属性，传统的重组理论对这种特征的解释显然存在不足。Johnson 等（2000）和 Friedman 等（2003）所提出的"掏空"与"支持"理论被认为更符合该种情况。该理论认为，控制权价值的体现即控股股东可以通过关联交易掏空上市公司，当公司陷入困境时，这种"掏空"演变为"支持"，即控股股东会采取各种措施支持上市公司。李增泉等（2005）针对我国 1998 至 2001 年股票市场发生的 416 起兼并重组事件进行实证研究后发现，当公司具有避亏动机时所实施的重组活动是"支持性"重组，而当公司没有保牌或保资格之忧时所进行的重组活动则属于"掏空性"利益侵占。侯晓红（2006）从产权理论和资本专用性理论两个方面对"掏空"与"支持"行为的存在进行了经济学分析。Winnie 等（2011）利用中国证券市场关联重组数据对 Friedman 所提出的掏空与支持模型进行验证后发现：掏空与支持取决于上市公司的财务状况，控股股东对财务健康公司的关联重组多属于"掏空",对财务困境公司的重组则多是"支持"。陈骏,徐玉德(2012)以评估增值率作为观测变量,检验 2001—2010 年我国上市公司并购重组过程中的控股股东与地方政府的行为后发现,在关联并购交易中,控股股东的掏空与地方政府的支持行为并存。

本书认为,我国股票市场的历史和现实制度背景造就了国有属性、法人股大股东的集中控制以及上市公司壳资源的稀缺,而 ST 制度的存在使得财务困境公司面临证券市场的生存压力。因此,资本市场上的重组活动,尤其是困境公司的重组行为本质上是困境公司大股东面对困境时所做出的反应。由于控制权收益的广泛存在,大股东的首选是支持,因此,困境公司频繁上演的重组活动实际上是股东支持下的重组。同时,控股股东的支持结果(即困境公司的恢复情况)会囿于其自身能力和支持程度,国有属性的控股股东比非国有属性控股股东的支持能力更高,从而使困境公司恢复的可能性更大,而更早、更频繁、花费更大、方式更多的重组意味着更大的支持决心和支持力度,会提高困境公司恢复的概率。此外,大股东的支持是理性的。从理论上讲,当公司从正常经营逐步走入困境,其自身会对困境的成因、困境的程度以及依靠自身努力而摆脱困境的可能性有一个大致的估计。因此,困境公司的重组选择实质是困境公司的实际控制人在面临生存时与制度、现实之间的一种博弈。这种博弈的结果是,大股东面对困境时会选择对自身最有利的处理方式,困境情况不相同,其处理行为也存在差异。规模较小的困境公司其支持成本较低,从而更可能获得控股股东的支持。当公司困境程度较低时,出于对未来控制权收益的预期,控股股东会做出支持性选择,通过资产重组方式向上市公司"输血"。尽管支持性重组会增加控股股东现实的成本,但只要未来控制权所带来的收益现值高于甚至不低于这种支持成本,控股股东的支持就会存在;但是,当困境公司的困境程度加重,控股股东认为其自身支持能力不足以使得上市公司脱困,或是经过权衡这种支持的成本收益严重不对等,控股股东可能会更倾向于放弃对困境公司的控制权,即将上市公司通过卖壳的方式进行重组。这种重组方式在当前的制度背景下会使并购所涉及各方都产生最起码的短期效益:上市公司依靠控制权转移的资产重组改变主营业务,获得优质资产并成功摘帽解困,控股股东将其不能获益的壳资源变现,并购方获得上市公司控制权或者壳资源而高调亮相,控股股东与并购方的高层同时可以通过掌控内幕消息而获取流通股收益,实现壳资源的短期最大化价值。基于此,本书具体分析如下:

第一,在其他条件相同的情况下,支持性重组、放弃式重组等外部资产重组选择对财务困境公司的恢复具有较显著的作用。因为放弃之前控股股东对困境公司已经提供了一部分支持，而放弃之后又产生了新的股东对困境公司的支持，故而，放弃式重组其实也反映了一种支持。而支持的程度、时间、方式以及控股股东的性质与能力会对财务困境公司恢复相应地产生影响。

第二，现实的重组过程中，很多公司采取多种重组方式策略。因为公司的困境形成原因并非单一，故而多种方式的综合治疗比单独某一种方式的治疗效果会更好。在困境公司采取了诸如资产置换、兼并收购、资产出售、股权转让、债务重组等不同重组方式策略下，有些困境公司成功恢复，有些未能成功恢复，因此，不同的重组方式对财务困境恢复的影响作用是不相同的。

第三，财务困境公司的状况不同，控股股东的支持的情况和结果也存在差异。在已经恢复的财务困境公司当中，不同的公司规模和困境程度会影响到控股股东的重组选择策略。

根据以上分析，本书提出假设：

H1：对于财务困境公司而言，外部资产重组比内部自我重整更有利于其恢复；

H2：多种重组方式策略比单一重组方式策略更有利于财务困境公司恢复；

H3：资产重组时间、重组次数、重组所发生成本对财务困境公司恢复具有显著影响；

H4：控股股东性质会影响财务困境公司的恢复，国有控股属性的财务困境公司的恢复概率更高；

H5：财务困境恢复公司与未恢复公司采取了不同的资产重组方式；

H6：在财务困境成功恢复的公司当中，不同困境程度公司的重组选择存在差异。低困境公司的重组策略大多为控股股东的支持性重组，高困境公司的重组策略则更倾向于控制权转移的卖壳式重组。

4.3 样本选取与数据来源

本书沿用国内学者的研究惯例，以上市公司特别处理事件（ST 和 *ST）作为其陷入财务困境的标志，以特别处理公司的"摘帽"作为其财务困境恢复的标志。选取 2003 年 1 月 1 日起至 2011 年 12 月 31 日止沪深 A 股非金融类上市公司作为全部样本来源。之所以选择 2003 年至 2011 年作为样本来源期，是缘于以下三个方面的具体原因：

第一，我国证券市场的特别处理制度自 1998 年 4 月 22 日起开始实施，至

2003年以前，特别处理制度尽管有小的调整，但影响不大。2003年5月，我国证券市场特别处理制度发生较明显变更，沪深证交所在原特别处理基础上新增一类"终止上市风险特别处理"（简称"退市风险警示"），明确规定终止上市风险特别处理与其他特别处理分别涵盖的不同内容，并启用新标记*ST。其中，*ST主要涵盖"2年连续亏损"，其他特别处理ST则主要涵盖"1年净资产为负"。直至2012年7月，沪深两所第7次修改《股票上市规则》，将原"特别处理"一章更名为"风险警示"，包括"退市风险警示（即*ST）"和"其他风险警示（即ST）"，"退市风险警示（*ST）"和"其他风险警示（ST）"所涵盖内容也相应发生变化，原来被涵盖在"其他特别处理（ST）"中的"1年净资产为负"的条件，在新修改《股票上市规则》中被包括在了"退市风险警示（*ST）"中。简单地说，2003年以前，我国特别处理制度只包括ST，2003年以后，我国特别处理制度包括ST与*ST，且ST与*ST所涵盖内容有调整。

第二，2001年之前，上市公司被ST后只要最近一个会计年度的财务报告净利润为正，且每股净资产高于股票面值就可以申请摘帽。2001年由于我国新会计制度规定债务重组利得不能计入当期损益，同年6月上交所、深交所修改其股票上市规则，增加"主营业务运营正常"和"扣除非经常性损益后的净利润为正"两个ST公司摘帽条件。因此，从2001年6月起，ST公司的摘帽规则与以往相比偏严。到2012年7月，沪深交易所先后发布修改后的《股票上市规则》，不再将"扣除非经常性损益后的净利润为正"作为ST公司摘帽的必要条件。此外，2003年以前，证监会规定，上市公司被实施特别处理ST之后，如果业绩没有扭亏改善，则1年后被暂停上市，再1年后则面临被摘牌退市的命运。即被ST之后的2年时间是其原则上的期限。2003年新增"退市风险警示"制度规定，*ST公司的时间限制与之前的ST公司的原则上的2年期限是一致的。但是，其他特别处理即ST公司的时间限制则不同：被ST之后若业绩未能扭亏，则1年后被*ST，而后才会按规定暂停上市或退市，即ST公司的时间期限原则上为3年。也就是说，以2001年和2012年为时间分界点，特别处理制度中的"摘帽"条件发生变化，以2003为时间分界点，特别处理制度中的"摘帽"原则期限发生变化。因此，2003年至2011年间，我国特别处理公司"摘帽"的规定是一致的。

第三，已有的关于财务困境公司摘帽的研究中，绝大部分以1998至2002年间的ST公司为实证样本，对于2003年以后的ST公司（包括ST和*ST）的研究则非常少，这也为我们的研究留下了空白。因此，以2003年至2011年作为财务困境样本公司的来源期间，一方面与之前的研究有所区别，另一方面可以为今后风险警示制度的发展提供依据。

接下来，对上述时间段内的非金融类A股上市公司再进行筛选。只考虑由于财务原因而被特别处理的上市公司，将非财务原因剔除。另外，为了考察这些财务困境公司重组措施实施的真正效果，将先后两次或两次以上被特别处理的23家公司予以剔除。对上述所有ST和*ST公司计算它们从被特别处理到"摘帽"的平均时间，得出的计算结果为27.5个月，即2.29年。基于稳健性考虑，我们以3年作为ST公司的恢复期①。这样，从2011年12月31日开始向前推移3年，截取2003年1月1日至2008年12月31日作为样本时间窗口，确定该时间窗口内符合上述条件的样本公司共244家，其中ST公司37家，*ST公司207家（以下统称ST公司），见表4-1。

表4-1　　　　　　财务困境样本公司各年度分布情况

年度	2003	2004	2005	2006	2007	2008	合计
ST公司	12	9	7	1	5	3	37
*ST公司	35	24	24	56	50	18	207
合计	47	33	31	57	55	21	244

接下来，考察这些ST公司被实施特别处理3年后的"摘帽"情况后发现：这些ST公司被特别处理后3年内从困境中成功恢复（摘帽）的有104家，未成功恢复（未摘帽）的有120家，退市的有20家，具体情况见表4-2及图4-1，公司详情见附录2。因为退市比"未摘帽"和"反复被ST"的境地要更糟，我们将退市公司也予以剔除，最后的样本公司由224家（104家摘帽与120家未摘帽）ST公司构成。在这224家公司中，有212家公司采取了由原控股股东或新控股股东所支持的外部资产重组策略，其中95家公司成功摘帽脱困，117家公司未摘帽，见表4-3。本书所用财务困境公司的被ST、被*ST以及摘帽时间等数据均来源于深圳国泰安信息技术有限公司开发的CSMAR数据库中的"中国特殊处理与特别转让股票研究数据库"。ST公司的重组数据依据国泰安的"中国上市公司并购重组研究数据库"并参考沪深交易所上市公司

---

① 之前关于ST摘帽的几乎所有研究都将恢复期界定为2年，原因是这些研究所使用的样本为2002年以前的ST公司，而当时证监会对ST摘帽的规定期限原则上为2年；2003年退市风险警示板块出现，沪深两市对*ST公司摘帽期限有原则性规定，但对ST公司的摘帽期限则无明确界定。本书研究的财务困境公司为全部ST（包括ST和*ST）公司，因而采取计算平均值方法确定恢复期更为科学。

公告、财务报告整理取得。

表 4-2　　　　财务困境样本公司被 ST 三年后的摘帽情况

年度	2003	2004	2005	2006	2007	2008	合计
摘帽	20	14	15	22	24	9	104
未摘	21	11	11	35	30	12	120
退市	6	8	5	0	1	0	20

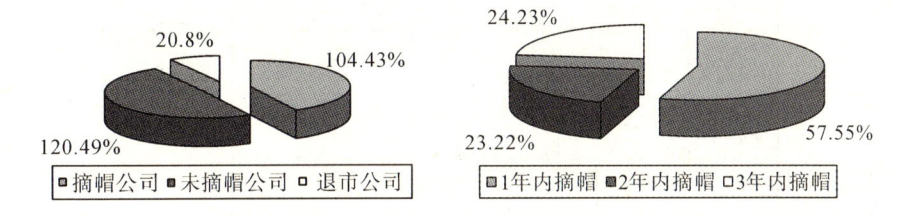

图 4-1　财务困境公司 3 年内的摘帽情况

表 4-3　　　　实施外部重组财务困境公司的摘帽情况

重组 ST 公司的摘帽情况	恢复（摘帽）公司	未恢复（未摘帽）公司	合计
个数	95	117	212
比例	44.81%	55.19%	100%

4.4　样本公司的重组选择

样本公司的重组选择是指样本公司在被 ST 或 *ST 之后，其所进行的重组行为方式的选择。我们接下来从重组选择总体情况、重组次数、重组金额、重组方式策略等几个方面对财务困境公司的重组行为选择现状进行分析。

4.4.1　重组选择总体情况

首先，我们看这些样本公司的内、外部重组情况，见图 4-2。224 家财务困境公司中，有 212 家公司采取了外部重组策略，占比 94.64%；104 家摘帽公司中，有 95 家采取外部重组策略，占比 91.35%；120 家未摘帽公司中，117 家采取了外部重组策略，占比 97.50%。无论是摘帽还是未摘帽，财务困境公司都普遍采取了外部重组策略，再次证明了 ST 公司对重组行为的利益趋向。其次，我们看图 4-3 所列示的财务困境公司的重组行为选择。无论是摘帽公司还是未摘帽公司，都更多地选择了支持性重组，而更少地选择了内部重整。财务困境公司的重组选择特征非常明显，也说明了控股股东在上市公司陷入困境之后普遍采取了支持策略。

	全部ST公司	摘帽公司	未摘公司
外部重组	212	95	117
内部重组	12	9	3

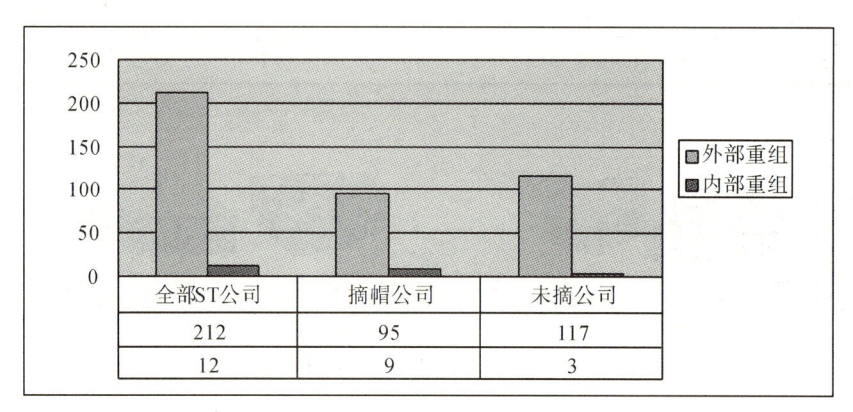

图 4-2 财务困境公司的内外部重组情况

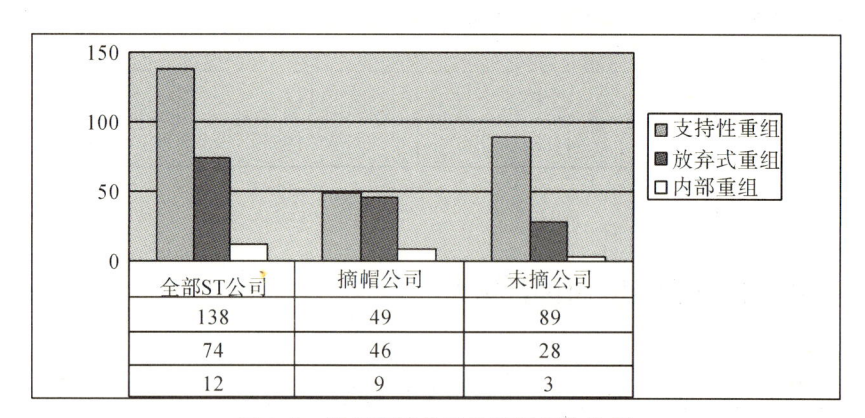

	全部ST公司	摘帽公司	未摘公司
支持性重组	138	49	89
放弃式重组	74	46	28
内部重组	12	9	3

图 4-3 财务困境公司的重组行为选择

4.4.2 重组次数

从发生重组（指外部重组）的财务困境公司的具体重组情况看，重组次数在摘帽与未摘帽公司之间存在较为明显的差异性特征。由图 4-4，无论是在困境发生之后的第 1 年还是第 2 年，抑或是第 3 年，摘帽公司的重组次数均高于未摘帽公司的重组次数。而且，摘帽公司第 1 年的重组次数要比第 2 年、第

3年的重组次数均要高，而未摘帽公司第1年的重组次数则比第2年和第3年均要低，说明了摘帽公司的重组行为启动较早，而未摘帽公司的重组行为则启动较晚，其支持性重组策略显得较为被动。

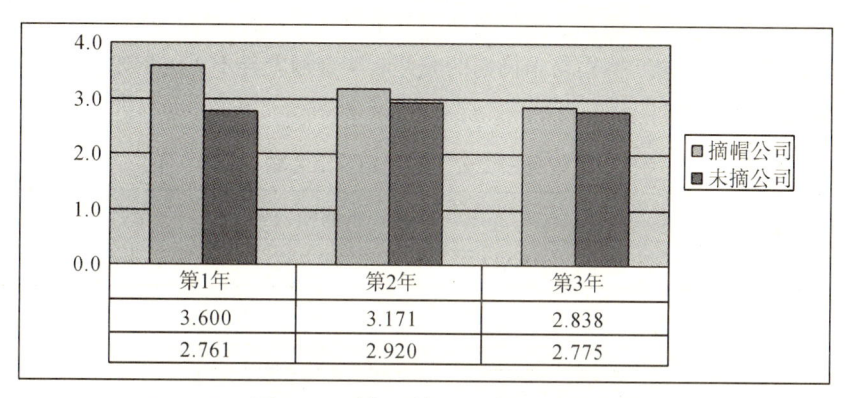

	第1年	第2年	第3年
摘帽公司	3.600	3.171	2.838
未摘公司	2.761	2.920	2.775

图 4-4 财务困境公司的重组次数

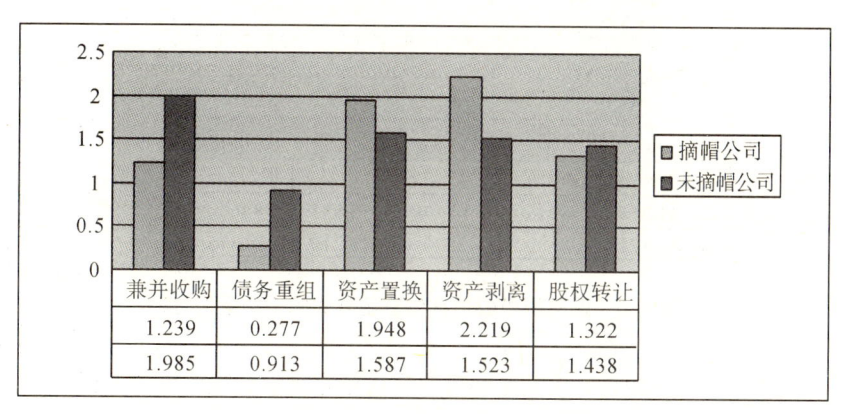

	兼并收购	债务重组	资产置换	资产剥离	股权转让
摘帽公司	1.239	0.277	1.948	2.219	1.322
未摘帽公司	1.985	0.913	1.587	1.523	1.438

图 4-5 财务困境公司不同重组方式的具体次数

我们再看这些公司所采取的具体重组选择方式，见图4-5。未摘帽公司的兼并收购、债务重组方式的发生次数明显高于摘帽公司，而摘帽公司的资产置换、资产剥离发生次数则要高于未摘帽公司。股权转让说明摘帽公司较多地采用了资产剥离、资产置换这两种重组方式，而未摘帽公司则较多地采用了兼并收购与债务重组方式。

4.4.3 重组金额

由表4-4可见，财务困境公司不仅实施了频繁的重组次数，其重组金额也非常可观。全部 ST 公司的平均重组金额为 94 721 万元，而摘帽公司的平均每家所发生重组金额比未摘帽公司还要更高。我们再看这些公司具体的重组方式，见图 4-6。摘帽公司在资产置换、资产剥离方式上所发生的平均重组金额要高于未摘帽公司，而未摘帽公司在债务重组、股权转让方面所发生的重组金额则高于摘帽公司。摘帽与未摘帽的兼并收购金额差异不大，但未摘帽公司稍微偏高。

表 4-4　　　　　　　财务困境公司的平均重组金额　　　　　单位：万元/家

财务困境公司	摘帽公司	未摘帽公司	全部 ST 公司
平均重组金额	101 673	89 222	94 721

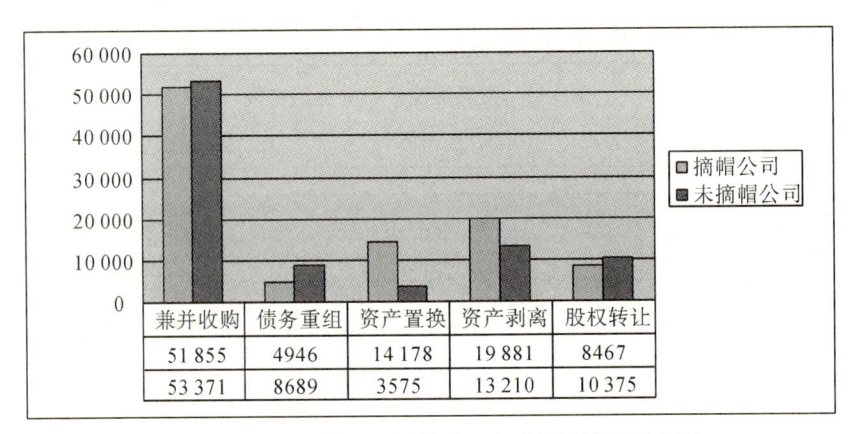

	兼并收购	债务重组	资产置换	资产剥离	股权转让
摘帽公司	51 855	4946	14 178	19 881	8467
未摘帽公司	53 371	8689	3575	13 210	10 375

图 4-6　财务困境公司具体重组方式的平均重组金额

此处需要说明的是，无论是在重组次数还是重组金额的现状分析中，我们都没有将股权转让再细分为非控制权转移的股权转让与控制权转移的股权转让，而是将这两部分合在一起共同分析。这是因为，对于某一公司而言，可以将其某一次股权转让重组界定为控制权转移或非控制权转移，而针对全部重组次数和金额而言，这样划分会有失公允，因为控制权转移只有一次，而非控制权转移可能有很多次。因此，此处将其合在一起共同分析比较合适。另外，摘帽公司因为其摘帽期限有长有短，故而其重组数据截取的是在其恢复期内的重组数据，而未摘帽公司因为一直未能恢复，故而其重组数据截取的是在被 ST 后 3 年内全部的重组数据。因此，当摘帽公司比未摘帽公司在某种方式上的重组次数和重组金额要高时，那么，这种结果是客观的；当摘帽公司比未摘帽公司在某种方式上的重组次数和重组金额要低时，那么，真实的情况可能是，因为未摘帽公司为了能够摘帽而一直在做相关的重组努力。

4.4.3 重组方式

我们在前面的分析中曾经提到，多种重组方式策略比单一重组方式策略可能更有利于财务困境公司的恢复。这一点从表4-5中可以反映出部分信息。212家财务困境公司中，只有24家采取了单一的重组方式，其余的188家公司均采取了两种或两种以上资产重组方式。24家单一重组方式公司里只有4家成功恢复，另外20家则未能按期摘帽。而且，从图4-7的重组方式策略详细情况看，无论摘帽与否，大部分财务困境公司采取了两至三种重组方式，采取单一重组方式与四种以上重组方式的公司比较少。说明在实践中，ST公司重组的主要方式只有2-3种。

表4-5　　　　　　　财务困境公司的重组策略

重组方式策略	单一重组方式（占比）	多种重组方式（占比）	合计
摘帽公司	4（4.21%）	91（95.79%）	95
未摘帽公司	20（17.09%）	97（82.91%）	117
全部ST公司	24（11.32%）	188（88.68%）	212

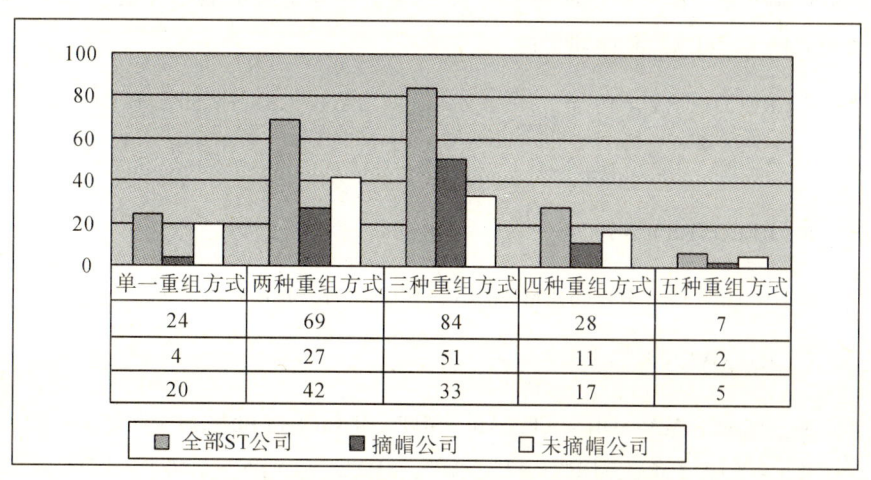

	单一重组方式	两种重组方式	三种重组方式	四种重组方式	五种重组方式
全部ST公司	24	69	84	28	7
摘帽公司	4	27	51	11	2
未摘帽公司	20	42	33	17	5

图4-7　财务困境公司的重组方式策略详情

4.5 实证分析

以上我们只是从大体上分析了样本公司的重组选择，要想深刻了解这些重组行为选择对财务困境恢复的影响，还需要做进一步的实证分析。

4.5.1 模型与变量设计

根据前述分析和假设，以全体 224 家财务困境样本公司的重组行为选择作为解释变量，以其摘帽恢复作为被解释变量，构建模型 4.1；以发生外部资产重组的 212 家 ST 公司的重组策略、重组次数、时机、成本等为解释变量，以这些公司在 3 年内的摘帽情况为被解释变量，构建模型 4.2；以发生外部重组的 212 家 ST 公司的具体重组方式为解释变量，以这些公司的恢复情况作为被解释变量，构建模型 4.3 与模型 4.4；以依靠重组而摘帽的 95 家恢复公司的财务困境程度作为解释变量，以这些公司的重组方式选择作为被解释变量，构建模型 4.5。其中，模型 4.1、4.2、4.3、4.4 中的控制变量均为各模型所用样本公司的控股股东性质（CSN）、公司规模（SIZE）和困境程度（DS）；模型 4.5 中的控制变量为依靠重组而摘帽的 95 家恢复公司的控股股东性质（CSN）和公司规模（SIZE）。具体如下：

$$P(RECOVERY_j = 1) = \frac{1}{1+e^{-Z_j}}, \quad Z_j = a_0 + a_1 RA_j + a_2 CSN_j + a_3 SIZE_j + a_4 DZ_j + \varepsilon_j \tag{4.1}$$

$$P(RECOVERY_i = 1) = \frac{1}{1+e^{-U_i}}$$

$$U_i = b_0 + b_1 RS_i + b_2 RT_i + b_3 RM_i + b_4 RC_i + b_5 CSN_i + b_6 SIZE_i + b_7 DZ_i + \mu_i \tag{4.2}$$

$$P(RECOVERY_i = 1) = \frac{1}{1+e^{-K_i}}$$

$$K_{i-1} = f_0 + f_1(MA, DR, AT, AR, SHT)_i + f_2 CSN_i + f_3 SIZE_i + f_4 DZ_i + \delta_i \tag{4.3}$$

$$K_{i-2} = d_0 + d_1(MA', DR', AT', AR', SHT')_i + d_2 CSN_i + d_3 SIZE_i + d_4 DZ_i + \lambda_i \tag{4.4}$$

$$P(ABONR_k = 1) = \frac{1}{1+e^{-Y_k}}$$

$$Y_k = h_0 + h_1 DS_k + h_2 CSN_k + h_3 SIZE_k + \partial_k \tag{4.5}$$

其中，模型中各变量设定如表 4-6：

表 4-6　　　　　　　　　　　　变量设定表

变量符号	变量名称	变量设定
财务困境恢复	RECOVERY	ST 公司 3 年内摘帽，设定 1；ST 公司 3 年内未摘帽，设定 0
重组方式选择	ABONR	依靠重组而摘帽的 ST 公司发生了控制权转移的股权转让重组，即控股股东的放弃式重组，取值 1；采取了其他方式的股东支持性重组，取值 0
重组行为	RA	ST 公司被戴帽之后发生了外部的资产重组行为，取值 1；否则取值为 0
重组策略	RS	ST 公司被戴帽后 3 年内采取了单一重组方式，取值 0；采取两种及以上重组方式，取值 1
重组次数	RT	ST 公司被戴帽之后 3 年内的重组次数
重组时机	RM	ST 公司被戴帽后首次重组距离戴帽时间（月）
重组成本	RC	ST 公司被戴帽后 3 年内发生的资产重组交易金额总和/（t-1）年年末总资产
兼并收购	MA	ST 公司恢复期内采取了非控制权转移的支持性重组，且最高金额重组方式为兼并收购，取值 1；否则取值 0
	MA′	ST 公司在恢复期内兼并收购重组方式所发生全部金额/（t-1）年年末总资产
债务重组	DR	ST 公司恢复期内采取了非控制权转移的支持性重组，且最高金额重组方式为债务重组，取值 1；否则取值 0
	DR′	ST 公司在恢复期内的债务重组所发生全部金额/（t-1）年年末总资产
资产剥离	AT	ST 公司恢复期内采取了非控制权转移的支持性重组，且最高金额重组方式为资产剥离，取值 1；否则取值 0
	AT′	ST 公司在恢复期内的资产剥离所发生全部金额/（t-1）年年末总资产
资产置换	AR	ST 公司恢复期内采取了非控制权转移的支持性重组，且最高金额重组方式为资产置换，取值 1；否则取值 0
	AR′	ST 公司在恢复期内资产置换重组方式所发生全部金额/（t-1）年年末总资产

表4-6(续)

变量符号	变量名称	变量设定
股权转让	SHT	ST公司恢复期内发生控制权转移，或最高金额重组方式为股权转让，取值1；否则取值0
	SHT′	ST公司在恢复期内股权转让重组方式所发生全部金额/（t-1）年年末总资产
控股股东性质	CSN	控股股东性质为国企，取值1；否则为0
公司规模	SIZE	公司被ST前1年末总资产额的自然对数
困境程度	DS	公司被ST前1年的困境综合得分

其中，变量设定中的"困境程度"是根据ST公司被特别处理前一年的财务报表中的10个关键性指标进行因子分析，采用方差极大化正交旋转方法，以方差贡献率大于80%为原则提取因子，并以所提取因子的方差贡献率为权重计算综合得分，作为公司财务困境程度的度量指标。这些关键性指标包括：营运资金比率、现金流动负债比、权益负债比、总资产周转率、资产净利率、营业收入净利率、成本费用利润率、每股收益、每股净资产、每股经营活动现金净流量。10个指标的计算方法见表4-7。

表4-7 困境程度因子分析指标

指标名称	指标计算
营运资金比率	（流动资产-流动负债）/流动负债
现金流动负债比	现金及现金等价物/流动负债
权益负债比	股东权益总额/负债总额
总资产周转率	营业收入/平均资产总额
资产净利率	净利润/总资产
营业收入净利率	净利润/营业收入
成本费用利润率	利润总额/（营业成本+期间费用）
每股收益	净利润/普通股股数
每股净资产	股东权益/普通股股数
每股经营活动现金净流量	经营活动现金净流量/普通股股数

4.5.2 描述性统计

表4-8显示的是224家全部样本公司各变量的均值描述。其中，控股股东性质、困境程度在摘帽公司与未摘帽公司之间的差异在1%水平上显著，公司规模与困境程度在摘帽公司与未摘帽公司之间的差异在5%水平上显著，重组行为在摘帽公司与未摘帽公司之间也存在5%水平上的显著差异。但是，未摘帽公司的重组行为均值要高于摘帽公司，说明未摘帽ST公司比摘帽ST公司较显著地采取了外部资产重组行为，而摘帽公司则较显著地采取了内部重组行为。这与我们之前的假设存在差异。我们将12家内部重组公司的基本情况与212家外部重组公司情况进行比较后发现，这些公司的困境程度明显偏低（困境程度得分高），而资产规模明显偏高。12家内部重组公司的困境程度均值为0.079，比212家外部重组公司的困境程度均值（-0.786）高出0.865，二者在1%水平上存在显著差异。而内部重组资产规模均值为9.158，外部重组资产规模均值为8.988，二者在5%水平上存在差异。然后，我们针对12家内部重组公司的详细情况进行研究，发现12家公司中存在两极分化现象，摘帽与未摘帽之间存在显著的差异，见表4-9。

表4-8　　　　　　　　全部样本公司各变量均值

变量	全部样本（224）	摘帽公司（104）	未摘帽公司（120）
RA_j	0.946	0.913**	0.975
CSN_j	0.536	0.654***	0.433
$SIZE_j$	8.997	9.070**	8.933
DS_j	-0.740	-0.083***	-1.308

注：表中的***、**、*分别表示差别在1%、5%、10%水平上显著。

表4-9　　　　　　　　内部重组公司各指标均值比较

变量	内部重组公司（12）	摘帽公司（9）	未摘帽公司（3）
CSN_j	0.500	0.667**	0.000
$SIZE_j$	9.158	9.308*	8.705
DS_j	0.079	0.252**	-0.441

注：表中的***、**、*分别表示差别在1%、5%、10%水平上显著。

表4-9显示：12家内部重组公司有9家成功摘帽，3家未能及时恢复，恢

复率为75%，显著高于全部样本公司恢复率（104/224＝46.43%）和外部重组公司的恢复率（95/212＝44.81%）。而9家摘帽公司的控股股东性质高于3家未摘帽公司（3家未摘帽公司全部为非国有属性），并在5%水平上显著；摘帽公司的公司规模也显著高于未摘帽公司，并在10%水平上显著。这说明摘帽公司的国有属性特征明显，而且规模也比较大。另外，摘帽公司的困境程度得分均值比未摘帽公司显著偏高，但未摘帽公司困境程度比外部重组公司的困境程度依然要好。从以上分析我们可以判断，内部重组公司的困境低、规模大，更容易摘帽恢复，其控股股东认为公司具备自我恢复的能力，从而理智地没有进行"支持"。对3家未摘帽公司进行追踪后发现，3年后这些公司均得到控股股东的支持并最终摘帽，只不过未能在3年内恢复。除了样本中的12家内部重组公司之外，还有6家退市公司（我们先前在样本选择时将退市公司去掉了）也未实施外部重组，但这6家公司的困境程度明显偏高（得分低，均值为−1.536），这6家公司的控股股东未对其进行支持性重组，从它们退市前的公告情况看，这6家公司一直在谋求卖壳式重组的主购方，也频繁地发布预告，但都未能成功。因此，我们认为，内部重组公司可以划分为两大类：一类是困境低，具备自我恢复能力，无需控股股东的支持其摘帽概率也会很高；另一类是困境高，难以恢复，控股股东认为其支持成本大于未来控制权收益，倾向于放弃，但又没有合适的接收者，或者因为其困境程度过高导致并购方不愿意实施购买，最终只好以退市结束。故而，内部重组只是控股股东对困境公司评估后的一种理智选择，加上12家公司的样本数量过少，并不能说明内部重组对摘帽具有积极作用。

表4-10　　　　　　　　　重组样本公司各变量均值

变量	全部样本（212）	摘帽公司（95）	未摘帽公司（117）
RS_i	0.714	0.885***	0.576
RT_i	2.932	3.132	2.770
RM_i	17.908	11.338*	23.243
RC_i	0.055	0.096**	0.022
MA_i	0.156	0.095**	0.205
MA'_i	0.182	0.176	0.193
DR_i	0.052	0.011**	0.085
DR'_i	0.005	0.004	0.007

表4-10(续)

变量	全部样本（212）	摘帽公司（95）	未摘帽公司（117）
AT_i	0.274	0.293	0.263
AT'_i	0.065	0.125*	0.017
AR_i	0.094	0.126**	0.068
AR'_i	0.009	0.019**	0.003
SHT_i	0.425	0.505**	0.359
SHT'_i	0.036	0.043**	0.027
CSN_i	0.538	0.653***	0.444
$SIZE_i$	8.988	9.047*	8.939
DS_i	−0.786	−0.115***	−1.330

注：表中的 ***、**、* 分别表示差别在1%、5%、10%水平上显著。

由表4-10的重组样本公司均值看，发生外部重组的212家ST公司中，摘帽公司与未摘帽公司的重组策略、重组成本、重组时机分别在1%、5%和10%水平上存在差异，重组次数在摘帽公司的均值比未摘帽公司要高，但差异并不显著。以最高金额定义重组方式来看，兼并收购、债务重组、资产置换与股权转让方式均在5%水平上差异显著；以所发生成本占总资产的比例来看，资产置换、股权转让在5%水平上差异显著，资产剥离则在10%水平上存在差异；控股股东性质与困境程度在1%水平上差异显著，公司规模则在10%水平上存在差异。

对于依靠重组而摘帽的95家恢复公司而言，控制权转移公司的困境程度评分均值低于控制权保留公司的困境程度评分均值，且差异在5%水平上显著。控制权转移样本公司的规模小于控制权保留公司的水平，也是5%的差异显著。控股股东性质在两种样本间的差异不显著。见表4-11。

表4-11　　　　　　　重组摘帽样本公司各变量均值

变量	全部样本（95）	控制权转移公司（46）	控制权保留公司（49）
DS_k	−0.115	−0.278**	0.037
CSN_k	0.653	0.652	0.653
$SIZE_k$	9.047	8.953**	9.136

注：表中的 ***、**、* 分别表示差别在1%、5%、10%水平上显著。

4.5.3 回归结果

对以上各组样本公司的指标数据进行 logistic 回归,得到模型回归结果见表 4-12、表 4-13、表 4-14 和表 4-15。

表 4-12　　　　　　　　　模型 4.1、4.2 的回归结果

变量	模型 4.1	模型 4.2
Constant	-3.658（0.289）	-5.221（1.836）
RA	-1.285（0.07）*	
RS		1.081（0.022）**
RT		0.096（0.171）
RM		-0.032（0.064）*
RC		0.204（0.028）**
CSN	0.826（0.004）***	0.570（0.012）**
SIZE	0.482（0.198）	0.331（0.283）
DS	0.283（0.240）	0.233（0.236）
-2log likehood	287.662	205.943
Cox & Snell R^2	0.092	0.078
Nagelkerke R^2	0.123	0.166

注:括号中数据为各系数 p 值;表中的 ***、**、* 分别表示 1%、5%、10% 水平上显著。

表 4-13　　　　　　　　　模型 4.3 的回归结果

变量	B	B	B	B	B
Constant	-3.251（0.349）	-4.817（0.166）	-4.306（0.214）	-4.564（0.189）	-5.268（0.131）
MA	-0.907**（0.035）				
DR		-2.420**（0.024）			
AT			0.141（0.369）		
AR				0.811*（0.054）	

表4-13(续)

变量	B	B	B	B	B
SHT					0.666** (0.024)
CSN	0.785*** (0.008)	0.819*** (0.006)	0.750** (0.011)	0.762*** (0.009)	0.727** (0.014)
SIZE	0.311 (0.420)	0.478 (0.217)	0.420 (0.280)	0.435 (0.257)	0.493 (0.202)
DS	0.247 (0.260)	0.224 (0.288)	0.241 (0.272)	0.215 (0.314)	0.268 (0.237)
−2log likehood	272.066	269.054	277.567	275.156	272.577
Cox & Snell R^2	0.084	0.101	0.074	0.095	0.086
Nagelkerke R^2	0.113	0.135	0.096	0.101	0.115

注：括号中数据为各系数 p 值；表中的 ***、**、* 分别表示在1%、5%、10%水平上显著。

模型4.1中，外部资产重组系数为负，且在10%水平上显著，表面上看是内部重整对财务困境公司的成功恢复具有促进作用，但我们在描述性统计中已经对此进行了解释：这是控股股东根据公司困境程度的一种理性选择，而并非真正的促进作用。同时，由于内部重整样本量小，不能从实质上说明问题。而且，将近95%的困境公司都采取了各种各样的外部重组方式而谋求脱困，本身就说明了外部资产重组对恢复的积极作用。故而，尽管假设1未能从模型上得到验证，我们依然认为该假设是成立的。

模型4.2中，ST公司采取多种资产重组方式比单一方式其摘帽恢复的可能性更大，该结论与假设2一致；同时，资产重组时机、重组成本对财务困境公司的恢复分别具有10%水平上的反向作用和5%水平上的正向作用，表明重组时间越早、重组成本越大，财务困境公司恢复的可能性就越高，支持理论被进一步明确，假设3中的两点得到验证；另外，资产重组次数对困境恢复变动具有正影响，但不显著，假设3中的这一点未得到明确验证。实践中很容易得到解释：公司被戴帽后，重组时间越早，越能及早发现和解决问题，其摘帽的可能性就越大；重组成本越高，代表股东对困境公司的支持程度越大，这种重组对困境公司扭转困局所发挥的作用就越大，其摘帽的可能性也越大；但是，重组次数多只能说明前期重组的不成功，尽管重组次数代表股东对困境公司的支持决心，但也正说明了其支持力度的薄弱。所以，尽管重组次数对摘帽有正向作用，但并不显著。

表4-14　　　　　　　　　　　模型4.4的回归结果

变量	B	B	B	B	B
Constant	1.107 (0.842)	1.934 (0.216)	2.533 (0.793)	−1.426 (0.477)	4.011 (0.914)
MA′	−5.122 (0.482)				
DR′		−1.433 (0.738)			
AT′			1.934* (0.059)		
AR′				3.268* (0.071)	
SHT′					2.576** (0.042)
CSN	0.524** (0.045)	0.533** (0.033)	1.364 (0.175)	0.478* (0.074)	0.821* (0.057)
SIZE	2.167 (0.277)	3.548 (0.359)	2.276 (0.443)	4.115 (0.197)	3.249 (0.452)
DS	2.068 (0.175)	2.612 (0.264)	3.174 (0.182)	2.593 (0.213)	3.107 (0.227)
−2log likehood	226.75	210.33	242.12	231.01	217.24
Cox & Snell R^2	0.097	0.126	0.069	0.117	0.135
Nagelkerke R^2	0.172	0.104	0.112	0.130	0.141

注：括号中数据为各系数p值；表中的***、**、*分别表示在1%、5%、10%水平上显著。

模型4.3中，以最高重组金额对所有发生外部资产重组的ST公司进行具体重组方式界定，将五种重组方式分别与被解释变量进行回归发现，兼并收购、债务重组对财务困境恢复具有反向作用，且在5%水平上显著；资产置换、股权转让对财务困境恢复具有正向作用，且分别在5%和10%水平上显著；资产剥离尽管系数为正，但其显著性水平未通过检验。模型4.4进一步将每一种重组方式所发生成本占其主体公司总资产的比例分别与被解释变量进行回归，结果表明：兼并收购、债务重组系数为负，与ST摘帽呈反向变动关系，但在统计上不显著；资产置换、资产剥离、股权转让这三种具体重组方式对财务困境恢复具有正向作用，且分别在5%、5%和10%水平上显著。这说明了在财务困境公司中，摘帽公司较显著地采取了股东支持性的资产置换与股权转让资产重组方式，而未摘帽公司则更多地采取了兼并收购与债务重组。资产剥离对 ST 公司摘帽的促进作用在模型 4.4 得到证实，在 4.3 中虽然系数为正但不显著，说明无论是摘帽还是未摘帽公司，为了谋求脱困都采取了相应的资产剥离策略，但是，摘帽公司的资产剥离强度更大一些。以上分析说明，重组方式对 ST 公司的摘帽具有显著影响，财务困境恢复公司与未恢复公司着重采取了不同的资产重组方式，假设 5 得到验证。

控股股东性质在模型 4.1、模型 4.2 中分别呈现 1% 和 5% 水平上的正向显著作用，在模型 4.3 中呈现至少 5% 水平上的正向显著作用，在模型 4.4 中也绝大部分呈现最少 10% 水平上的显著影响，说明了控股股东性质对财务困境公司恢复的积极作用，假设 4 得到验证。公司规模与困境程度在以上模型中的系数均为正，说明公司规模越大越容易恢复，而困境程度得分越高（即困境程度越低）越容易恢复，但是其作用在统计上并不显著。这也说明了决定 ST 公司摘帽与否的关键性因素并不是其困境情况，公司性质与控股股东的支持才是最关键因素。

在模型 4.5 中，困境程度对重组摘帽公司的重组选择具有显著影响，且在 5% 水平上显著。困境程度高（困境程度得分低）的恢复公司采取了较显著的控制权转移重组策略，而困境程度低（困境程度得分高）的公司则采取控制权保留的其他支持性重组策略。公司规模在模型 4.5 中的影响也比较显著，规模越小的公司其被买壳收购的可能性越高。控股股东性质在模型 4.5 中的影响不显著。

表 4-15　　　　　　　　　　**模型 4.5 的回归结果**

变量	B	Sig
Constant	7.694	0.144
DS	−0.684**	0.039
CSN	0.207	0.648
SIZE	−0.874*	0.085
−2log likehood	245.106	
Cox & Snell R^2	0.084	
Nagelkerke R^2	0.113	

注：括号中数据为各系数 p 值；表中的 ***、**、* 分别表示在 1%、5%、10% 水平上显著。

4.6 本章小结

本章主要分析了财务困境公司的重组行为选择及其影响。以 2003 年退市警示实施之后至 2011 年年底我国资本市场上的 ST 公司为样本，研究这些公司的重组行为与其摘帽恢复之间的关系，以及在其行为过程中控股股东的支持作用和支持差异。分析结果表明：尽管 2001 年证券监管部门通过非经常性损益的扣除而提高 ST 公司重组摘帽的门槛与难度，但资产重组依然是财务困境公司最经常采用的一种脱困手段。大股东对财务困境公司的支持在我国资本市场上显著存在。ST 公司资产重组的时间越早、成本越高，其摘帽恢复的可能性就越大。同时，ST 公司的摘帽并非只靠单一某种资产重组方式，但是，最终起决定作用的方式在摘帽与未摘帽公司中存在差异，实证结果是摘帽 ST 公司较明显采取了资产置换与股权转让方式，而未摘帽公司则更多地实施了兼并收购与债务重组方式。此外，控股股东性质与摘帽恢复正相关，国有控股属性公司其摘帽恢复的概率更高。对于重组恢复公司而言，困境程度对 ST 公司的重组选择具有 5% 水平上的显著影响：困境程度高的恢复公司采取了较显著的控制权转移重组策略，而困境程度低的公司则采取控制权保留的其他支持性重组策略。公司规模也对重组选择产生影响，规模越小的公司，其被买壳收购的可能性越高。

5 基于重组行为选择的财务困境恢复预测研究

5.1 文献回顾

国内外有很多文献针对公司的财务困境进行预测。Fitzpatric（1932）通过比较 20 对样本公司的财务比率来预测破产，被称为财务困境预测领域的"最早具有历史意义的尝试"。Beaver（1966）利用剖面分析和二分检验等统计方法，实证 13 个财务比率对破产事件的预见能力，发现离破产时间越近，这些比率指标的预测能力越强。以上方法属于单变量预测，Altman（1968）将其发展为多元判别，通过对困境企业和非困境企业的 22 个财务比率的分析，成功开发出 5 变量 Z-Score 模型，取得较好的预测效果。以此为基础，Altman（1977）建立 ZETA 模型，并对模型进行了修正（Altman，2000），加入新变量和考虑行业影响，预测公司的破产概率问题。Harmer（1983）指出，财务指标的相对独立性能提高模型的预测能力。Charles 等（1998）的研究也证实了这一点。

为了克服以上预测研究中线性判别存在的局限性，Ohlson（1980）开始使用 Logit 模型和 Porbit 模型进行分析，发现公司规模、资本结构、业绩水平和变现能力对财务困境预测的信息显著，并取得较好的预测效果。Lane（1985）最早将 Cox 比例危险函数模型引入财务困境预测，发现 Cox 比例危险函数模型尽管无法改善总的预测精度，但可以减少第 I 类错误的发生率。Odom 等（1990）将神经网络引入财务困境预测分析中，Coats 和 Fant（1993）又对这些模型进行了发展，获得了更高的预测精准度。Kahya（1999）使用时间序列累积和（Cumulative Sums，CUSUM）方法针对财务困境进行预测。Shumway（2001）则提出离散时间危险函数模型具有更高的样本外预测精度。以上动态的 COX 模型抑或是基于数据挖掘的神经网络系统尽管预测更精准，错误率更低，但财务困境预测研究中最经典使用的方法依然是 Logit 逻辑回归模型，Arieh 等（2001）对有关财务困境预测的方法进行了讨论，认为使用多元逻辑回归模型要比二元逻辑回归模型更为准确。

　　国内学者陈静（1999）使用 27 家 ST 公司和 27 家非 ST 公司的财务报表数据，分别采用单变量判定和多元判别分析构建财务困境预测模型。陈晓（2000）等运用 logistic 回归方法，提高了模型的预测精度。吴世农、卢贤义（2001）选取了 70 家处于财务困境的公司和 70 家财务正常的公司为样本，分别应用 Fisher 线性判定分析、多元线性回归分析和 logistic 回归分析建立了三种预测财务困境的模型，分析结果表明：logistic 模型的误判率最低。薛峰（2003）将神经网络应用于财务困境预警研究，其模型具有更强的预测能力，对财务困境前两年的预测精度达到 91.30%。陈磊（2007）、韩建光（2010）、孙洁（2010）分别将 COX 比例危险模型、遗传算法、支持向量机等方法引入财务困境预测中，卢永艳则以 COX 模型为基础，区分行业差别对财务困境预测的影响。

　　以上文献针对公司是否会陷入财务困境而进行预测研究，无论在方法的运用还是在模型的精准度上均已达到一个相对成熟的水平。然而，当公司已经陷入财务困境，在何种状态之下、以何种方式能够更好地恢复和逆转，即财务困境公司的恢复预测研究却相对寥寥。White（1981，1984）对影响财务困境企业恢复的因素进行了研究，建立区分重组成功与被迫破产清算公司的模型。Casey 等（1986）对 White 提出的模型进行了实证检验，采用 probit 模型研究了困境公司能否成功恢复的关键性因素是无担保资产水平和盈利前景。Gregory（2006）将财务报表信息分为存量信息（如固定资产、负债水平等）与流量信息（如经营现金流量、本年利润），在构建财务困境恢复预测模型中发现，单纯的存量信息模型较单纯的流量信息模型预测效果要差，而将流量信息添加到基于存量信息指标的模型中，其预测的准确性有了较大提高。赵丽琼、柯大钢（2008）以主营业务收入净利润率、自由资产数量、有形资产缩减、高管更换、公司规模等五个指标分别对我国财务困境公司的恢复进行 logistic 回归预测。董保国（2009）则将公司偿债能力指标、获利能力指标、经营能力指标、发展能力指标分别引入恢复预测模型，发现这些财务指标与财务困境恢复显著相关。尹斌（2012）通过对 13 个财务指标和 3 个公司治理指标进行分析，得到一个包含 3 财务指标和 1 公司治理指标的上市公司财务困境恢复预测模型。倪中新、张杨（2012）针对制造业财务困境公司的数据，研究得出包括 5 个财务指标、2 个公司治理指标、1 个重组指标、1 个关联交易指标在内的 COX 比例危险财务困境恢复预测模型。

从以上的文献分析可以看出，预测公司是否陷入财务困境的预警研究已经有很多。然而，针对已经陷入财务困境公司的恢复性预测研究却很少。现有的预测研究所涵盖信息不全面，财务指标少，公司治理指标更少，对影响财务困境恢复的重要性因素——重组选择考虑有限，缺乏综合性的财务困境恢复预测模型。本章正是基于这种研究现状，对我国上市公司财务困境恢复进行预测研究。

5.2 研究假设

要想构建综合性的财务困境恢复预测模型，必须先探寻财务困境恢复的影响因素。而财务信息在预测公司是否会陷入困境（Kang，1996，1998）和已失败公司能否从困境里成功恢复（Bryan，2002）的过程中都被公认是有用和有效的。尽管不同的学者由于选择样本不同、统计方法不同，所得到的结论并非一致，比如 White（1984）、Campbell（1996）认同公司规模和获利能力，Opler（1994）认同财务杠杆和公司业绩，Bryan（2002）则认同偿债能力和流动性指标。董保国（2009）的分析结果是偿债能力、盈利能力、发展能力指标均与财务困境恢复显著相关，尹斌（2012）提出的 3 个财务指标包括营业收入增长率、每股净资产、流动资产周转率，倪中新则更认同主营业务利润率、销售期间费用率、每股收益等获利能力指标。无论上述研究的分析过程如何，最终的结果都表明，包含有企业财务信息的各种财务会计指标对财务困境的恢复具有显著预测能力。而各种财务指标的实质是企业的各种财务能力，根据人们通常对财务指标分类的概括，本书提出以下假设：

H1：企业偿债能力对财务困境恢复具有显著预测能力；

H2：企业资产管理水平对财务困境恢复具有显著预测能力；

H3：企业盈利能力对财务困境恢复具有显著预测能力；

H4：企业发展能力对财务困境恢复具有显著预测能力；

H5：企业现金流量状况对财务困境恢复具有显著预测能力。

国内外有大量的经验证据表明，公司治理弱化会损害公司价值，甚至使企业陷入困境抑或破产。英国 CADBURY 委员会在其报告中指出："大量英国上市公司破产的主要缘由是公司经理人员不能恪尽职守所致。"Daily（1994），La Porta（1999）较早地研究了公司治理与破产及企业价值之间的关系。Elloumi（2001），姜秀华（2001），沈艺峰（2002），Lee（2004），黄善东、杨淑娥（2007）将公司治理特征变量纳入财务困境预测模型，发现弱化的公司治理机制会增加其陷入财务困境的概率。与财务指标相同的是，作为财务困境诱因之一的公司治理被认为对财务困境恢复同等重要。当公司陷入困境，强化公司治理会使困境公司成功恢复的可能性大大增强。Alpaslan（2009），Giovanna（2011）的研究均证实了这一点。公司治理主要涵盖股权结构、董事会与监事会特征、激励约束机制等内容，当前对公司治理于财务困境恢复作用的研究也主要聚焦在这几个方面。Claessens（2000）、Lemmon（2003）考察了股权结构对公司业绩的影响，赵丽琼（2009）就董事会特征与困境恢复的关系进行了研究，Filatotchev and Steve（2006）证实了公司治理中的约束机制对困境恢复的积极作用。目前从财务困境恢复角度针对以上三个公司治理方面的研究数量并不多，较多的关注是在管理层变更上。因为公司治理机制的监督约束作用使陷入困境的公司董事会面临各方面压力，从而倾向于更换高管（Thain，1990）。Gilson（1989）的研究发现，52%的财务困境公司发生了高管更变，这一比率显著高于正常公司。很多成功恢复的案例与相关研究也表明，新的管理者可以带来新的经营理念和公司战略方面的变化，从而促进公司摆脱危机（Starkey，1996；Kow，2004；Clapham，2005）。然而，也有相反的观点存在。Murphy（1993）、Clayton（2005）就认为更换高管会降低组织聚合力、增加未来经营的不确定性从而不利于困境公司的恢复。国内学者的研究结论也存在差异：过新伟（2012）针对ST公司的高管更迭现象进行研究，发现CEO变更有助于财务困境的恢复。董保国（2009）以ST公司被戴帽前一年的数据为例，研究发现财务困境公司恢复与否和管理层更换不存在明显的关系。针对以上分析，本书提出假设如下：

H6：公司治理中的股权结构对财务困境恢复具有显著预测能力；

H7：公司治理中的董事会、监事会特征对财务困境恢复具有显著预测能力；

H8：公司治理中的激励约束机制对财务困境恢复具有显著预测能力；

H9：高管变更对财务困境恢复具有显著预测能力。

公司战略行为选择被认为是影响财务困境恢复的另一重要因素。当失败或困境来临，采取何种战略行为应对风险和提升业绩对困境公司而言尤其重要。削减开支（Retrenchment）和重组（Reorganization）是最常见的困境恢复战略（Barker，1997；Beeri，2009）。因为大规模的削减开支和成本可以节约现金流，保持流动性，减少企业的债务负担，从而促进公司业绩好转（Robbins，1992；McKinley，1995；Arogyaswamy，1995）。而重组则因其财务和经营协同效应（Williamson，1975）能降低融资成本、提高公司价值和帮助公司走出困境（Shirouzu，2002；George，2004）。需要说明的是，对削减开支战略的研究文献并不多见，现有成果大都以财务数据指标如有形资产（或固定资产）的减少来表示缩减行为变量，对其效果的关注则集中在对困境恢复的影响上。相对而言，重组的研究文献很多，既有绩优公司的兼并收购，也包括相当数量的失败或陷入困境公司的重组探讨。但绝大部分集中在对困境公司重组战略实施的价值后果，尤其是股票市场价值后果的研究上。针对重组行为本身的研究非常有限，将重组作为变量引入财务困境恢复预测模型的研究尝试更是寥寥。我们认为，财务与公司治理信息对困境公司的恢复均有显著的预测能力，公司战略行为选择对财务困境恢复具有同等功效。单纯的财务指标难以涵盖与财务困境相关的所有信息（Balcaen，2004），公司治理指标的引入可以改善单纯以财务指标预测财务困境的准确率（王耀，2010），削减开支可以通过财务指标而体现，将对困境恢复具有不同作用的重组行为选择作为变量引入预测模型就尤为必要。基于此，本书提出以下假设：

H10：重组选择对财务困境恢复具有显著预测能力；

H11：重组选择方式的引入可以提高财务困境恢复预测模型的正确率。

5.3 研究设计

5.3.1 样本选择

本章所使用样本以第 4 章初始的 224 家财务困境公司为基础，减掉 12 家未发生重组的内部重整公司（尽管在本书第 4 章中有证据发现 ST 公司的内部重整对财务困境恢复具有促进作用，但我们已经对此进行了解释，这是一种控股股东根据公司困境程度的理性选择，而并非真正的促进作用。同时，由于内部重整样本量小，不能从实质上说明问题，故在此我们将这些样本删除），剩余 212 家实施了外部资产重组的样本公司。这 212 家样本中，有 4 家出现奇异值公司数据：2 家因为年末应收账款为 0，导致应收账款周转率高达 2966.4 和 789.77，1 家因为年末存货为 0、期初存货极少导致存货周转率高达 21 318.65；1 家则因为当年营业收入仅为 6.7677 万元而导致销售净利率为 -1102.05，管理费用率高达 544.91。我们认为：应收账款、存货期末余额为 0 在理论上缺乏解释依据，而一家上市公司的年营业收入仅为万元说明它并未正常经营，故将这 4 家奇异值公司删除。最终剩余 208 家样本公司，其中 114 家未摘帽公司、94 家摘帽公司，这些样本公司的重组情况见表 5-1。

表 5-1 样本公司重组情况

样本摘帽情况	支持性重组						放弃式重组	合计
	兼并收购	债务重组	资产剥离	资产置换	股权转让	小计		
摘帽	9	1	25	12	2	49	45	94
未摘帽	24	10	31	7	14	86	28	114
合计	33	11	56	19	16	135	73	208

5.3.2 指标设计

本章研究涉及三大类指标：财务指标、公司治理指标、重组选择方式指标。根据以往学者的研究经验以及数据的可得性，本书选择企业财务状况指标见表 5-2，选择企业公司治理指标见表 5-3。财务指标与公司治理指标以公司被 ST 前一年的年报为准。即如果某公司在 2005 年 3 月被 ST，则取其 2004 年度年报数据①。重组选择方式延续本书第 4 章的分类，将外部重组分为支持性重组（SURPR）与放弃式重组（ABONR），支持性重组具体细分为兼并收购（MA）、债务重组（LR）、资产剥离（AT）、资产置换（AR）、股权转让（非控制权转移）（SHT）。

表 5-2 财务指标

指标类型	指标名称	指标含义
偿债能力指标	X_1：流动比率	流动资产/流动负债
	X_2：速动比率	(流动资产-存货)/流动负债
	X_3：现金比率	现金及现金等价物/流动负债
	X_4：营运资金比率	(流动资产-流动负债)/流动资产
	X_5：权益对负债比率	股东权益总额/负债总额
	X_6：利息保障倍数	息税前利润/财务费用
	X_7：有形资产比率	有形资产/资产总额

---

① 我国 ST 公司一般是由于亏损或净资产为负所引致，原则上根据公司所公布的年报信息来确定其是否陷入困境。因此，被 ST 前一年的年报即该公司据以被戴帽的年报。

表5-2(续)

指标类型	指标名称	指标含义
资产管理能力指标	X_8：应收账款周转率	营业收入/平均应收账款
	X_9：存货周转率	营业成本/平均存货
	X_{10}：流动资产周转率	营业收入/平均流动资产
	X_{11}：总资产周转率	营业收入/平均资产总额
盈利能力指标	X_{12}：营业收入净利率	净利润/营业收入
	X_{13}：资产报酬率	净利润/总资产
	X_{14}：成本费用利润率	利润总额/（营业成本+期间费用）
	X_{15}：收入管理费用比	营业收入/管理费用
	X_{16}：每股收益	净利润/普通股股数
	X_{17}：每股净资产	股东权益/普通股股数
	X_{18}：账面市值比	期末总资产/期末公司市场价值
发展能力指标	X_{19}：资本积累率	（期末股东权益-期初股东权益）/期初股东权益
	X_{20}：总资产增长率	（期末总资产-期初总资产）/期初总资产
	X_{21}：固定资产增长率	（期末固定资产-期初固定资产）/期初固定资产
	X_{22}：营业收入增长率	（本年营业收入-上年营业收入）/上年营业收入
现金流量指标	X_{23}：营业收入现金比率	经营活动现金净流量/营业收入
	X_{24}：每股经营活动现金净流量	经营活动现金净流量/普通股股数
	X_{25}：每股现金净流量	现金净流量/普通股股数

注：由于ST公司中很多出现净资产、净利润、营业利润为负的情况，故在财务指标选取时舍弃权益乘数、净资产收益率（ROE）、净利润增长率、营业利润增长率；由于资产负债率与其他指标的反向性，在偿债能力中取权益对负债比率替代该指标。

表 5-3　　　　　　　　　　　公司治理指标

指标类型	指标名称	指标含义
股权结构特征	G_1：控股股东性质	控股股东性质为国有，取值 1；否则取值 0
	G_2：第 1 大股东持股比例	第 1 大股东持股数/公司总股本数
	G_3：前 5 大股东持股比例	前 5 大股东持股总数/公司总股本数
	G_4：第 2-5 股东持股比例	第 2 至第 5 大股东持股总数/公司总股本数
	G_5：第 2-10 股东持股比例	第 2 至第 10 大股东持股总数/公司总股本数
	G_6：股权制衡度	第 2 至 5 大股东持股数/第 1 大股东持股数
董事会、监事会特征	G_7：董事长与总经理兼任情况	董事长与总经理二职合一，取 1；否则取 0
	G_8：董事会规模	董事会人数
	G_9：独董比例	独立董事人数/董事会人数
	G_{10}：监事总规模	监事会人数
	G_{11}：高管人数	年报所公布的高级管理人员人数
	G_{12}：董事会会议次数	董事会当年召开会议次数
	G_{13}：监事会会议次数	监事会当年召开会议次数
	G_{14}：股东大会召开次数	当年股东大会召开次数
	G_{15}：四委个数	战略委员会、提名委员会、审计委员会、薪酬与考核委员会设置个数
激励约束机制	G_{16}：高管变更	本年度董事长或 CEO 变更，取 1；否则取 0
	G_{17}：董事会持股比例	董事持股总数/公司总股本数
	G_{18}：监事会持股比例	监事会持股总数/公司总股本数
	G_{19}：高管持股比例	高级管理人员持股总数/公司总股本数
	G_{20}：高管年薪总额	全部董事、监事、高管年薪总额
	G_{21}：董事前 3 薪酬总额	年薪最高前 3 名董事薪酬总额
	G_{22}：高管前 3 薪酬总额	年薪最高前 3 名高管薪酬总额

5.3.3　研究方法与思路

首先，对财务指标与公司治理指标进行摘帽组与非摘帽组之间的显著性差异检验。由于所选指标中只有营业收入增长率、账面市值比、前 5 大股东持股比例这2个财务指标和1个公司治理指标通过了K-S正态检验,其余绝大部分指标均不服从正态分布,故采取Mann-Whitney U 非参数检验方法进行显著性检验,确定对财务困境公司恢复(即摘帽)有显著性影响的财务指标与公司治理指标;接下来,对这些选定的财务指标与公司治理指标分别进行因子分析,提炼出互不相关却能综合反映所选指标信息的少数几个财务因子与公司治理因子;之后,以所提炼因子为自变量,以财务困境公司是否摘帽恢复为因变量,构建Logit 回归模型,确认模型的判断准确率;在以上模型基础之上引入重组选择变量进行逻辑回归,判别该模型的准确率并与前述模型进行比较。

5.4 实证结果

5.4.1 不考虑重组选择方式的财务困境恢复预测模型

5.4.1.1 财务与公司治理指标初选

表5-4、表5-5分别列示了财务与公司治理指标的初选情况。从财务指标看,在被ST前一年,除了速动比率和固定资产增长率这2个指标外,摘帽公司比未摘帽公司在其他财务指标上的取值均要偏高,表明摘帽公司的总体财务状况要好于未摘帽公司的总体财务状况;而且,速动比率差异极小,几乎可以忽略不计。而摘帽公司的固定资产增长率偏低则印证了我们之前的分析:即削减开支等缩减行为战略对财务困境恢复是有益的,尽管该指标并不显著。摘帽公司与未摘帽公司除了在速动比率、营运资金比率、利息保障倍数、有形资产比率、存货周转率、账面市值比、固定资产增长率这7个指标上的差异不显著外,剩下的18个指标均在5%水平上存在显著性差异。这18个指标中,X_1、X_3、X_5故属于偿债能力指标,X_8、X_{10}、X_{11}属于资产管理能力指标,X_{12}、X_{13}、X_{14}、X_{15}、X_{16}、X_{17}属于盈利能力指标,X_{19}、X_{20}、X_{22}属于发展能力指标,X_{23}、X_{24}、X_{25}属于现金流量指标。接下来,我们将这18个指标作为备选财务指标进行进一步分析。

表5-4 财务指标均值与Mann-Whitney U 检验结果

指标	摘帽公司均值	未摘帽公司均值	P 值	初选
X_1	0.9829	0.9007	0.034	√
X_2	0.6892	0.7177	0.697	×

表5-4(续)

指标	摘帽公司均值	未摘帽公司均值	P值	初选
X_3	0.1635	0.1400	0.000	√
X_4	-0.5169	-1.0269	0.051	×
X_5	0.8324	0.5747	0.001	√
X_6	-0.3162	-0.1444	0.101	×
X_7	0.9519	0.9478	0.349	×
X_8	5.0455	2.0103	0.001	√
X_9	5.1663	3.3383	0.605	×
X_{10}	1.0310	0.6572	0.010	√
X_{11}	0.4783	0.3087	0.009	√
X_{12}	-0.8665	-2.3289	0.000	√
X_{13}	-0.2019	-0.3347	0.001	√
X_{14}	-0.3891	-0.6755	0.000	√
X_{15}	9.2924	4.3036	0.001	√
X_{16}	-0.7101	-1.1409	0.006	√
X_{17}	1.3048	0.6043	0.000	√
X_{18}	0.6253	0.6112	0.571	×
X_{19}	-0.3516	-0.7630	0.000	√
X_{20}	-0.1330	-0.1800	0.069	√
X_{21}	0.0101	0.4329	0.216	×
X_{22}	-0.1051	-0.2639	0.003	√
X_{23}	0.0208	-0.5109	0.056	√
X_{24}	0.0398	-0.1082	0.018	√
X_{25}	-0.1528	-0.3324	0.022	√

注:"√"表示该指标由于在摘帽组与非摘帽组之间差异显著而被选择将进入财务困境恢复预测模型;"×"表示未被选中。

从公司治理看,摘帽公司与未摘帽公司在被ST前一年的股权结构特征指标上均存在差异,且在5%水平上显著。此外,摘帽公司的高管人数也显著高于未摘帽公司。而其他董事会、监事会特征指标以及激励约束指标则在摘帽与未摘帽公司间差异不明显,高管变更也未通过 Mann-Whitney U 检验。故而,我们将反映股权结构特征的6个指标和反映董事会特征的"高管人数"指标作为备选公司治理指标。其中,G_4(第2-5持股比例)与G_5(第2-10持股比例)的差异性极小,从摘帽公司均值看,G_5比G_4仅高出2.11%,从非摘帽公司均值看,G_5比G_4仅高出1.79%。对这两个指标进行 Pearson 相关性检验发现,G_5与G_4的相关系数为0.950,二者高度相关,可以选其中的一个来替代另一个指标信息。同时,G_4的一半信息在G_6(股权制衡度)中已经体现,故而我们选择G_5。因此,最终被选中的公司治理指标包括6个:控股股东性质、第1大股东持股比例、前5大股东持股比例、第2-10股东持股比例、股权制衡度、高管人数。

表 5-5　　公司治理指标均值与 Mann-Whitney U 检验结果

指标	摘帽公司均值	未摘帽公司均值	P 值	初选
G_1	0.66	0.44	0.002	√
G_2	0.4368	0.3211	0.000	√
G_3	0.5706	0.5077	0.000	√
G_4	0.1339	0.1866	0.001	√
G_5	0.1550	0.2045	0.004	√
G_6	0.48	0.72	0.000	√
G_7	0.17	0.21	0.464	×
G_8	9.20	8.84	0.183	×
G_9	31.88	33.40	0.432	×
G_{10}	3.90	3.79	0.586	×
G_{11}	6.20	5.51	0.007	√
G_{12}	8.64	8.78	0.912	×
G_{13}	3.86	3.75	0.829	×
G_{14}	2.66	2.39	0.239	×
G_{15}	2.17	1.74	0.131	

表5-5(续)

指标	摘帽公司均值	未摘帽公司均值	P值	初选
G_{16}	0.51	0.56	0.077	×
G_{17}	0.16	0.01	0.465	×
G_{18}	0.01	0.00	0.463	×
G_{19}	0.19	0.01	0.501	×
G_{20}	111.60	77.14	0.132	×
G_{21}	33.64	27.62	0.207	×
G_{22}	42.46	32.68	0.627	×

注："√"表示该指标由于在摘帽组与非摘帽组之间差异显著而被选择将进入财务困境恢复预测模型;"×"表示未被选中。

5.4.1.2 初选指标因子分析

在对初选指标进行因子分析之前,首先就这些财务指标数据和公司治理指标数据分别进行KMO和Bartlett因子分析适用度检验。由表5-6可以看出,财务指标与公司治理指标数据的KMO测度值分别为0.731和0.530,均大于0.5,且Bartlett球形度检验的相伴概率均为0.000,因此,财务指标数据与公司治理指标数据均适合做因子分析。

表5-6 财务指标数据与公司治理指标数据的KMO和Bartlett检验结果

检验参数	财务指标数据	公司治理指标数据
KMO值	0.731	0.530
Bartlett球形度	2223.310	1097.709
Sig.值	0.000	0.000

为了使所提炼因子能够反映初选指标数据的绝大部分信息,我们以累计方差贡献率大于80%为原则,确定用于构建模型的财务因子和公司治理因子。表5-7列示了财务因子和公司治理因子的特征值与方差贡献率。

表 5-7　　　　财务因子与公司治理因子特征值与累计方差贡献率

因子个数	财务因子			公司治理因子		
	特征值	方差贡献率（%）	累计方差贡献率（%）	特征值	方差贡献率（%）	累计方差贡献率（%）
1	4.415	24.527	24.527	2.863	47.720	47.720
2	3.470	19.277	43.804	1.394	23.228	70.948
3	2.221	12.337	56.141	1.043	17.385	88.333
4	1.644	9.132	65.274	……	……	……
5	1.326	7.368	72.641			
6	0.807	4.483	77.124			
7	0.713	3.961	81.085			
……	……	……	……			

表 5-8　　　　财务因子旋转成分矩阵

指标	F-Factor1	F-Factor2	F-Factor3	F-Factor4	F-Factor5	F-Factor6	F-Factor7
X_{17}	0.881	-0.048	0.167	-0.056	0.019	0.057	0.115
X_{16}	0.877	0.006	0.092	0.210	0.162	-0.014	-0.104
X_{13}	0.789	0.019	0.042	0.074	0.497	-0.040	-0.025
X_{19}	0.783	-0.028	0.118	0.098	-0.172	0.082	0.138
X_{20}	0.628	0.043	0.016	0.076	0.329	-0.156	0.342
X_{10}	-0.059	0.906	-0.071	0.051	0.098	0.039	0.154
X_{11}	-0.137	0.892	-0.009	-0.067	0.102	0.036	0.182
X_{15}	0.061	0.852	-0.030	-0.086	-0.003	-0.001	-0.002
X_{8}	0.068	0.779	-0.046	0.110	0.013	0.009	-0.021
X_{5}	0.199	-0.067	0.930	-0.048	0.037	-0.001	-0.015
X_{1}	0.158	-0.114	0.913	-0.120	0.025	-0.033	0.008
X_{3}	0.001	0.025	0.898	0.176	0.046	0.029	-0.048
X_{25}	0.066	0.064	0.046	0.904	0.017	-0.054	0.084
X_{24}	0.194	-0.067	-0.046	0.818	0.003	0.290	0.045
X_{12}	0.120	0.074	0.052	-0.013	0.871	0.075	0.100

表5-8(续)

指标	F-Factor1	F-Factor2	F-Factor3	F-Factor4	F-Factor5	F-Factor6	F-Factor7
X_{14}	0.233	0.211	0.100	0.053	0.551	0.382	0.386
X_{23}	-0.028	0.038	-0.014	0.146	0.116	0.935	0.055
X_{22}	0.174	0.218	-0.077	0.124	0.170	0.080	0.867

由表5-7可知，7个财务因子可以解释18个财务指标数据信息总方差的81.085%，3个公司治理因子可以解释6个公司治理指标数据信息总方差的88.333%。这些因子的含义可以依据成分矩阵或旋转成分矩阵中的因子载荷值进行解释。实践证明，经过正交旋转后的旋转成分矩阵在解释因子含义时比初始成分矩阵更为显著，故在此采取具有Kaiser标准化的正交旋转方法。表5-8、表5-9分别列示了财务指标数据和公司治理指标数据的旋转成分矩阵。

由表5-8的财务因子旋转成分矩阵可以看出，F-Factor1主要涵盖了X_{17}（每股净资产）、X_{16}（每股收益）、X_{13}（资产报酬率）、X_{19}（资本积累率）、X_{20}（总资产增长率），可将其概括为资产获利和增长因子；F-Factor2主要涵盖了X_{10}（流动资产周转率）、X_{11}（总资产周转率）、X_{15}（收入管理费用比）、X_8（应收账款周转率），可将其概括为管理能力与水平因子；F-Factor3主要涵盖了X_5（权益对负债比率）、X_1（流动比率）、X_3（现金比率），可将其概括为偿债因子；F-Factor4主要涵盖了X_{25}（每股净现金流量）、X_{24}（每股经营活动净现金流量），可将其概括为每股现金流量因子；F-Factor5主要涵盖了X_{12}（营业收入净利率）、X_{14}（成本费用利润率），可将其概括为盈利因子；F-Factor6主要涵盖了X_{23}（营业收入现金比），可将其概括为营业收入现金能力因子；F-Factor7主要涵盖了X_{22}（营业收入增长率），可将其概括为营业收入增长因子。

表5-9　　　　　　　　公司治理因子旋转成分矩阵

指标	G-Factor1	G-Factor2	G-Factor3
G_5	0.972	0.076	-0.082
G_6	0.959	-0.126	-0.088
G_3	0.069	0.981	-0.054
G_2	-0.679	0.704	0.049
G_{11}	0.044	-0.173	0.901
G_1	-0.383	0.337	0.608

由表 5-9 的公司治理因子旋转成分矩阵可以看出，G-Factor1 主要涵盖了 G_5（第 2-10 股东持股比例）、G_6（股权制衡度），可将其概括为股权制衡因子；G-Factor2 主要涵盖了 G_3（前 5 大股东持股比例）、G_2（第 1 大股东持股比例），可将其概括为股权集中因子；G-Factor3 主要涵盖了 G_{11}（高管人数）、G_1（控股股东性质），可将其概括为控股股东性质与高管规模因子。为了进一步确认因子旋转的集合因子构成的准确性，我们将控股股东性质与高管规模这两个变量指标做回归分析，发现控股股东性质与高管规模呈明显的同向变动关系，且模型系数在 1% 水平上显著。其实这一点很容易理解：国有属性的上市公司其管理职能划分比较规范，高管职位安排比较充分，故人数较多，而非国有属性上市公司的高管人才则相对匮乏，规模较小。因此，3 个公司治理因子都属于股权结构方面的指标。

接下来，根据表 5-10、表 5-11 列示的财务因子与公司治理因子得分系数矩阵，对以上各因子的得分进行计算。其中，7 个财务因子得分计算表达式为：

$$\text{F-Factor1} = -0.02X_1 - 0.100X_3 - 0.080X_5 \cdots\cdots + 0.003X_{24} - 0.092X_{25}$$

$$\text{F-Factor2} = -0.012X_1 + 0.041X_3 + 0.011X_5 \cdots\cdots - 0.025X_{24} + 0.015X_{25}$$

$$\text{F-Factor3} = 0.362X_1 + 0.374X_3 + 0.366X_5 \cdots\cdots - 0.024X_{24} + 0.038X_{25}$$

$$\text{F-Factor4} = -0.075X_1 + 0.138X_3 - 0.033X_5 \cdots\cdots + 0.475X_{24} + 0.616X_{25}$$

$$\text{F-Factor5} = -0.032X_1 + 0.029X_3 - 0.027X_5 \cdots\cdots - 0.044X_{24} + 0.036X_{25}$$

$$\text{F-Factor6} = -0.014X_1 - 0.019X_3 + 0.007X_5 \cdots\cdots + 0.136X_{24} - 0.242X_{25}$$

$$\text{F-Factor7} = 0.073X_1 - 0.036X_3 + 0.020X_5 \cdots\cdots - 0.061X_{24} + 0.020X_{25}$$

表 5-10　　　　　　　　　财务因子得分系数矩阵

指标	F-Factor1	F-Factor2	F-Factor3	F-Factor4	F-Factor5	F-Factor6	F-Factor7
X_1	-0.020	-0.012	0.362	-0.075	-0.032	-0.014	0.073
X_3	-0.100	0.041	0.374	0.138	0.029	-0.019	-0.036
X_5	-0.008	0.011	0.366	-0.033	-0.027	0.007	0.020
X_8	0.052	0.292	-0.002	0.069	-0.045	-0.010	-0.179
X_{10}	-0.018	0.297	0.009	0.028	-0.010	-0.017	-0.002
X_{11}	-0.046	0.285	0.041	-0.044	-0.008	-0.007	0.056
X_{12}	-0.122	-0.046	-0.010	0.008	0.723	-0.083	-0.162
X_{13}	0.207	0.010	-0.069	0.003	0.322	-0.083	-0.264

表5-10(续)

指标	F-Factor1	F-Factor2	F-Factor3	F-Factor4	F-Factor5	F-Factor6	F-Factor7
X_{14}	-0.034	-0.015	0.029	-0.059	0.266	0.235	0.194
X_{15}	0.073	0.316	0.006	-0.064	-0.079	0.017	-0.146
X_{16}	0.295	0.048	-0.048	0.068	0.025	-0.008	-0.281
X_{17}	0.323	0.003	-0.007	-0.151	-0.196	0.110	0.046
X_{19}	0.308	0.015	-0.007	-0.054	-0.354	0.129	0.118
X_{20}	0.127	-0.037	-0.035	0.007	0.114	-0.230	0.252
X_{22}	-0.055	-0.072	0.008	-0.006	-0.145	-0.079	0.910
X_{23}	0.015	-0.009	-0.011	-0.079	-0.063	0.872	-0.108
X_{24}	0.003	-0.025	-0.024	0.475	-0.044	0.136	-0.061
X_{25}	-0.092	0.015	0.038	0.616	0.036	-0.242	0.020

表5-11　　　　　　　公司治理因子得分系数矩阵

指标	G-Factor1	G-Factor2	G-Factor3
G_1	-0.032	0.185	0.490
G_2	-0.192	0.365	-0.033
G_3	0.189	0.673	-0.003
G_5	0.455	0.212	0.075
G_6	0.414	0.073	0.060
G_{11}	0.125	-0.078	0.794

3个公司治理因子得分计算表达式为：

G-Factor1 = -0.032G_1-0.192G_2+0.189G_3+0.455G_5+0.414G_6+0.125G_{11}

G-Factor2 = 0.185G_1+0.365G_2+0.673G_3+0.212G_5+0.073G_6-0.078G_{11}

G-Factor3 = 0.490G_1-0.033G_2-0.003G_3+0.075G_5+0.060G_6+0.794G_{11}

5.4.1.3　模型构建

根据以上分析，我们对财务困境公司被ST前一年的财务与公司治理数据进行因子提炼后得到7个财务因子和3个公司治理因子，以这些因子的计算得分为解释变量，以ST公司的恢复情况为被解释变量，以公司规模和所处行业为控制变量，构建Logit回归模型（见式5.1）。其中，模型所涉及变量见表5-

12 所示。

$$P(RECOVERY_j) = \frac{1}{1+e^{-Z_j}}$$

$$Z_j = a_0 + a_1 \text{F-Factor1}_j + a_2 \text{F-Factor2}_j + a_3 \text{F-Factor3}_j + a_4 \text{F-Factor4}_j$$
$$+ a_5 \text{F-Factor5}_j + a_6 \text{F-Factor6}_j + a_7 \text{F-Factor7}_j + a_8 \text{G-Factor1}_j + a_9 \text{G-Factor2}_j$$
$$+ a_{10} \text{G-Factor3}_j + a_{11} \text{G-Factor4}_j + a_{12} \text{SIZE}_j + a_{12} \text{INDUS}_j + \varepsilon_j \qquad (5.1)$$

表 5-12　　基于财务与公司治理因子的 Logit 模型变量设定

变量符号	变量名称	变量设定
RECOVERY	财务困境恢复	ST 公司 3 年内摘帽设定 1；否则设定 0
F-Factor1	资产获利和增长因子	资产获利和增长因子得分
F-Factor2	管理能力与水平因子	管理能力与水平因子得分
F-Factor3	偿债因子	偿债因子得分
F-Factor4	每股现金流量因子	每股现金流量因子得分
F-Factor5	盈利因子	盈利因子得分
F-Factor6	营业收入现金能力因子	营业收入现金能力因子得分
F-Factor7	营业收入增长因子	营业收入增长因子得分
G-Factor1	股权制衡因子	股权制衡因子得分
G-Factor2	股权集中因子	股权集中因子得分
G-Factor3	控股股东性质与高管规模因子	控股股东性质因子得分
SIZE	公司规模	公司总资产的自然对数
INDUS	行业	公司所处行业为制造业，取 1；否则取 0

Logit 回归模型中的 P（RECOVERY）代表财务困境公司恢复的概率，通过确定分割点，比较所得到的 P 值与分割点的大小就可以判断样本公司 3 年内的摘帽恢复情况。一般以 0.5 作为分割点的取值，如果 Logit 模型所计算出的 P 值高于 0.5，则认为该公司是恢复公司，反之，若 P 值小于 0.5，则认为该公司未能恢复。本章预测模型的分割点以常见的 0.5 来取值，采用逐步回归法对以上预测模型进行回归，回归结果见表 5-13。

表 5-13　　　基于财务与公司治理因子的 Logit 模型回归结果

变量	B	Wals	Sig.
Constant	-10.24**	6.358	0.012
F-Factor5	0.127*	2.966	0.085
G-Factor1	-0.973**	3.897	0.048
G-Factor2	3.506***	14.318	0.000
G-Factor3	0.567***	20.046	0.000
SIZE	0.859*	3.81	0.051
-2log likehood	251.210（0.000)		
Cox & Snell R^2	0.156		
Nagelkerke R^2	0.208		

注：表中的 ***、**、* 分别表示在 1%、5%、10%水平上显著。

由表 5-13 可以看出，模型的总体卡方检验统计量-2log likehood 的值为 251.210，且其卡方值的显著水平为 0.000，表明该模型的整体检验比较显著。财务因子中，只有盈利因子（F-Factor5）进入模型并在 10%水平上显著，表明财务信息中的盈利能力对困境恢复具有显著影响，与假设 3 相符，其他财务能力则影响不大，其对财务困境恢复的预测性未能得到验证。公司治理的 3 个因子（股权制衡因子、股权集中因子、控股股东性质与高管规模因子）全部进入模型且通过显著性水平检验，控制变量中的公司规模也进入模型。这表明在财务困境公司被 ST 的前一年，其公司治理信息尤其是股权结构信息对困境恢复具有显著的影响，从模型中变量的系数看，股权集中因子（G-Factor2）系数为正，且高达 3.506，对财务困境恢复的影响最大，表明公司的股权越集中程度越高，财务困境恢复的概率就越高，再次印证了我国证券市场上当公司陷入困境时大股东"支持"的显著存在；控股股东性质与高管规模因子（G-Factor3）系数为正，表明国有属性的控股股东比非国有属性控股股东更容易使困境公司成功恢复，高管人数也对困境公司的恢复起到了积极作用；股权制衡因子系数为负，表明股权制衡程度越高，公司摘帽的概率就越低；而公司规模与恢复则同向变动，表明规模大的公司更容易恢复。假设 6 得到充分验证。

一个好的预测模型不仅能够显示各变量的系数及其显著性，同时需要有准确的预测能力。将 208 家公司的财务因子得分、公司治理因子得分、公司规模对数值代入以上模型，获得每个公司的恢复概率，并与其真实情况相对比，就可以得到该模型的预测准确率,见表5-14。该模型对208家财务困境公司中的146家的恢复情况做出了正确的预测,总体预测正确率为70.2%。

表5-14　　基于财务与公司治理因子的Logit模型预测结果

公司实际情况	模型预测状态 未摘帽	模型预测状态 摘帽	合计	正确率	总正确率
未摘帽	81	33	114	71.1%	70.2%
摘帽	29	65	94	69.1%	

5.4.2　考虑重组选择方式的财务困境恢复预测模型

以上是未考虑重组选择方式的财务困境恢复预测模型及其预测正确率,接下来,我们将财务困境公司最常采取的重组行为引入模型,将这些公司的重组选择方式作为解释变量,与之前的财务因子、公司治理因子共同解释财务困境公司的恢复状况。控制变量依然是公司规模与其所处行业。财务因子、公司治理因子、控制变量、因变量的解释设定同上,重组选择方式的变量设定见表5-15。

表5-15　　　　　　　　重组选择方式变量设定

变量符号	变量名称	变量设定
MA	兼并收购	ST公司恢复期内采取了非控制权转移的支持性重组,且最高金额重组方式为兼并收购,取值1;否则取值0
DR	债务重组	ST公司恢复期内采取了非控制权转移的支持性重组,且最高金额重组方式为债务重组,取值1;否则取值0
AT	资产剥离	ST公司恢复期内采取了非控制权转移的支持性重组,且最高金额重组方式为资产剥离,取值1;否则取值0
AR	资产置换	ST公司恢复期内采取了非控制权转移的支持性重组,且最高金额重组方式为资产置换,取值1;否则取值0
SHT-A	股权转让	ST公司恢复期内采取了非控制权转移的支持性重组,且最高金额重组方式为股权转让,取值1;否则取值0
ABONR	放弃式重组	ST公司在恢复期内采取了控制权转移的放弃式重组方式,取值1;否则取值0

接下来，以 7 个财务因子、4 个公司治理因子、ABONR 重组选择方式为解释变量，构建 Logit 模型，见式 5.2；同时以 7 个财务因子、4 个公司治理因子、5 个具体支持性重组方式（MA、DR、AT、AR、SHT-A）、ABONR 重组选择方式为解释变量，构建 Logit 模型，见式 5.3。以上两个模型的回归结果见表 5-16。

$$P(RECOVERY_j) = \frac{1}{1+e^{-Z_j}}$$

$$Z_j = a_0 + \sum a_t \text{F-Factort}_j + \sum a_k \text{G-Factort}_j + a_{12}\text{ABONR}_j \\ + a_{13}\text{SIZE}_j + a_{14}\text{INDUS}_j + \varepsilon_j \tag{5.2}$$

$$Z_j = a_0 + \sum a_t \text{F-Factort}_j + \sum a_k \text{G-Factort}_j + a_{12}\text{MA} + a_{13}\text{DR} + a_{14}\text{AT} \\ + a_{15}\text{AR} + a_{16}\text{SHT} + a_{17}\text{ABONR}_j + a_{18}\text{SIZE}_j + a_{19}\text{INDUS}_j + \varepsilon_j \tag{5.3}$$

表 5-16　考虑重组选择方式的财务困境恢复预测模型回归结果

模型	变量	B	Wals	Sig.
模型 5.2	Constant	−14.059***	11.501	0.001
	F-Factor2	0.368**	6.203	0.013
	F-Factor5	0.361***	7.283	0.007
	F-Factor7	0.612**	4.757	0.029
	G-Factor2	4.173***	18.217	0.000
	G-Factor3	0.483***	16.314	0.000
	ABONR	1.218***	13.056	0.000
	SIZE	1.139**	6.297	0.012
	−2log likehood	234.352（0.000）		
	Cox & Snell R^2	0.221		
	Nagelkerke R^2	0.296		

表5-16(续)

模型	变量	B	Wals	Sig.
模型5.3	Constant	-13.726***	9.034	0.003
	F-Factor2	0.474***	7.173	0.007
	F-Factor5	0.365***	8.767	0.003
	F-Factor7	0.842**	6.157	0.013
	G-Factor2	5.110***	24.467	0.000
	G-Factor3	0.569***	20.469	0.000
	MA	-1.505***	9.140	0.003
	DR	-3.628***	9.278	0.002
	AR	0.642**	5.009	0.047
	SHT-A	-2.356***	8.392	0.004
	SIZE	1.130**	5.471	0.023
	-2log likehood	215.881 (0.000)		
	Cox & Snell R^2	0.288		
	Nagelkerke R^2	0.397		

注：表中的 ***、**、* 分别表示在1%、5%、10%水平上显著。

由表5-16可以看出，模型5.2的总体卡方检验统计量-2log likehood的值为234.352，模型5.3的总体卡方检验统计量-2log likehood的值为215.881，均低于不考虑重组选择方式预测模型5.1的-2log likehood值（251.210），且其卡方值的显著水平均为0.000，表明这两个模型的整体检验比不考虑重组选择方式预测模型的整体检验更为显著。另外，模型5.2、模型5.3的Cox & Snell R^2值与Nagelkerke R^2值均高于模型5.1，表明这两个模型的拟合优度更好。其中，考虑具体支持性重组选择方式的模型5.3比只考虑支持或放弃重组方式的模型5.2的整体检验更显著、拟合优度也更好。再从模型系数看，模型5.2、模型5.3的各变量系数的显著性水平较模型5.1更为明显，且模型5.3的变量系数的显著程度最高。此外，模型5.2与模型5.3更加充分体现了困境公司的财务信息，从变量信息度上也要优于模型5.1。

接下来我们看模型的预测结果，见表5-17。模型5.2对208家财务困境公司中的152家的恢复情况做出了正确的预测，总体预测正确率为73.1%，较模型5.1的正确率高出2.9%，模型5.3对208家财务困境公司中的156家的恢复情况做出了正确的预测，总体预测正确率为75.0%，较模型5.1的正确率高出4.8%。再看分类别预测结果：模型5.2较模型5.1在摘帽公司的预测准确率上稍有降低（69.1%→67.0%），但其在未摘帽公司的预测准确率上却有较大幅度提高（71.1%→78.1%）；而模型5.3无论在摘帽公司预测上还是在未摘帽公司预测上都比模型5.2与模型5.1的准确率要高，尤其是与模型5.1相比，模型5.3在摘帽公司的预测准确率上提高了4.3%（69.1%→73.4%），在未摘帽公司的预测准确率上提高了5.2%（71.1%→76.3%），将Ⅰ类错误率（将可能摘帽的公司预测为不能摘帽）与Ⅱ类错误率（将不可能摘帽的公司预测为摘帽公司）都控制在17%以内，整体错误率最低，准确率最高。因此，考虑重组选择方式，尤其是考虑具体重组选择方式的财务困境恢复预测模型，在模型的显著性、拟合优度、准确率上都要优于不考虑重组选择方式的财务困境恢复预测模型，即重组选择方式的引入可以提高财务困境恢复预测模型的正确率。假设11得到充分的验证。考虑具体重组方式的困境恢复预测模型最终可以表示为：

$$P(RECOVERY) = \dfrac{1}{1+e^{-\begin{bmatrix}-13.726+0.474F\text{-}Factor2+0.365F\text{-}Factor5+0.842F\text{-}Factor7\\ +5.11G\text{-}Factor2+0.569G\text{-}Factor3-1.505MA-3.628DR\\ +0.642AR-2.356SHT\text{-}A+1.13SIZE\end{bmatrix}}} \quad (5.4)$$

从模型5.4可以看出，考虑具体重组选择方式的财务困境恢复预测模型中，G-Factor2（股权集中因子）的系数为正，且高达5.11，再次证明股权集中度及其所隐含的大股东支持对财务困境恢复的重要性；控股股东性质与高管规模（G-Factor3）与财务困境恢复同向变动，这些与模型5.1的结论是一致的。模型5.4在财务信息因子上不仅纳入了与摘帽显著相关的公司盈利水平因子（F-Factor5），同时还受到公司管理能力（F-Factor2）与营业收入增长（F-Factor7）的影响，即公司资产管理水平、费用管理水平越高，营业收入增长情况越好，盈利能力越强，则公司财务困境恢复的可能性就越大。除了与之前已被证实的假设3一致之外，假设2与假设4也基本得以证实。对于重组方式，资产置换（AR）系数为正，兼并收购（MA）、债务重组（DR）、非控制权转移的股权转让（SHT）这3个变量的系数均为负，表明财务困境公司的重组选择模式对恢复摘帽的作用，即支持性资产置换重组方式对财务困境恢复具有积极作用，而兼并收购、债务重组与无关痛痒的股权转让不利于困境公司的摘帽恢复。假设10得到验证。

表 5-17　考虑重组选择方式的财务困境恢复预测模型预测结果

模型	公司实际情况	模型预测状态 未摘帽	模型预测状态 摘帽	合计	正确率	总正确率
模型 5.2	未摘帽	89	25	114	78.1%	73.1%
	摘帽	31	63	94	67.0%	
模型 5.3	未摘帽	87	27	114	76.3%	75.0%
	摘帽	25	69	94	73.4%	

需要说明的是：为了验证高管变更与困境恢复的关系，我们增加该指标，与前述指标一起进行 Logit 回归，发现高管变更指标无论在考虑重组方式下或未考虑重组方式下均未能进入模型，说明被 ST 前一年的高管变更对困境恢复没有显著预测能力，假设 9 未通过检验。

5.4.3　动态重组选择下的财务困境恢复预测模型

以上是根据财务困境公司被 ST 前一年的财务信息与公司治理信息，同时考虑其重组选择方式而构建的财务困境恢复预测模型。我们已经知道，考虑重组选择方式的预测模型比未考虑重组选择方式预测模型的预测效果要好。然而，以上的重组方式界定，是基于财务困境公司在恢复期内金额最高的一种重组方式，却不是全部的重组方式。现实中，ST 公司的重组非常频繁，很多公司在恢复期内每年均会发生不同形式的重组，它们对公司的恢复同样重要。而且，ST 公司的摘帽并非一蹴而就，有些公司在 1 年内摘帽，有些公司则用了 2 年或 3 年时间才成功摘帽，这些恢复期超过 1 年的公司，其财务信息、公司治理情况甚至重组形式一直在发生变化。另外，最少一半以上的 ST 公司历经 3 年时间也未成功摘帽，但其在被 ST 后每年都会发生不同方式的重组。因此，仅以被 ST 前一年的财务信息与公司治理信息，同时引入金额最高的重组方式来构建恢复预测模型尽管比未考虑重组方式的预测模型效果要好，但存在信息滞后、重组方式不完备等问题。为了更好地完善模型，我们将以上静态数据发展成为动态重组数据重新构建模型，为投资者和困境公司的恢复预测提供支持。

5.4.3.1　基本思路

以上述的 208 家样本公司为基础，将 208 家公司分为两大类（摘帽与未摘帽），并将摘帽公司细分为三小类：1 年摘帽、2 年摘帽、3 年摘帽。对于 1 年摘帽的公司，取样与本章前述相同，即以被 ST 前一年年报的财务与公司治理信息为依据，参照 ST 公司 1 年恢复期内的重组方式（此处依然指当年最大金额重组方式，下同），构建恢复预测模型；对于 2 年摘帽的公司，则将 1 家公司转化为 2 个样本：第 1 年的样本和第 2 年的样本。以每年最大金额重组方式，分别辅以重组发生前一年的年报信息（即 ST 前一年与 ST 当年），作为构建恢复模型的数据基础。例如，某公司 2004 年 3 月被 ST，2006 年 4 月摘帽，2004、2005 年度均发生重组，则将该公司转化为 2 个样本。样本 1 为 2004 年度样本，取 2003 年年报数据，参照 2004 年重组方式，重组结果是未摘帽；样本 2 为 2005 年度样本，取 2004 年年报数据，参照 2005 年的重组方式，重组结果是摘帽。如此则可以构建基于动态重组的新样本。这样，2 年摘帽的公司，可以将 1 家公司转化为 2 个样本；3 年摘帽的公司，可以将 1 家公司转化为 3 个样本，转化方法同上。未摘帽公司，可以将 1 家公司转化为 3 个样本，转化方法与 3 年摘帽公司的转化方法相同，只不过全部转化样本的重组结果都是未摘帽。这样转化后的好处在于：年报信息滞后性得以解决；重组方式静态、单一性得以解决；内部重组样本量增加；无论是投资者抑或是困境公司，在发生重组之前，或在重组过程中，只要结合上一年度的年报信息，就可以预测公司摘帽恢复的概率值，并做出相应决策。而不足之处在于：将未摘帽公司 1 家转化为 3 个样本，而摘帽公司中 2 年或 3 年恢复期的也分别转化为 2 个（1 个未摘帽，1 个摘帽）和 3 个（2 个未摘帽，1 个摘帽）样本，人为增加了未恢复公司的数量和比例。

表 5-18　　　　　　　　　　动态重组样本

恢复情况	恢复公司			未恢复公司	合计
	恢复期为 1 年	恢复期为 2 年	恢复期为 3 年		
公司数	48	23	23	114	208
转化样本数	48	46	69	342	505
删除	9 个奇异值样本				496

按照上述方法，对 208 家公司进行样本转化，最终获得 505 个样本。针对这些样本的财务信息与公司治理信息进行探索分析后发现，存在 9 个奇异值样本，原因全部是由于存货或应收账款期末余额为 0 而导致其周转率过高。将这 9 个奇异值样本删除，剩余 496 个样本，见表 5-18。其中恢复样本 94 个、未恢复样本 402 个，这些样本的重组选择情况见表 5-19。

表 5-19　　　　　　　　动态重组样本的重组情况

重组情况	INTER	SURPR					ABONR	合计
		MA	DR	AT	AR	SHT		
摘帽	4	20	3	9	23	1	34	94
未摘帽	90	69	33	24	96	55	35	402
合计	94	89	35	33	121	55	69	496

5.4.3.2 财务与公司治理指标初选

财务与公司治理指标选择同上（见表 5-2，表 5-3），指标初选情况见表 5-20、表 5-21。依然按照小于 5% 的显著性为原则，初选之后财务指标剩余 17 个，其中利息保障倍数指标存在缺失数据较多，因为公司在困境期经常会收到控股股东或政府的资金支持与注入，这些资金在短期内会产生相应的利息收益，从而导致财务费用为负，致使利息保障倍数指标数据无法计算而缺失，因此，将该指标排除在因子分析范围之外，剩余 16 个指标。其中，偿债能力指标 4 个、资产管理能力指标 2 个、盈利指标 6 个、发展能力指标 2 个、现金流量指标 2 个，涵盖了财务信息的五个方面。

表 5-20　动态重组样本的财务指标均值与 Mann-Whitney U 检验结果

指标	摘帽公司均值	未摘帽公司均值	P 值	初选
X_1	1.1210	0.7861	0.000	√
X_2	0.7777	0.5943	0.001	√
X_3	0.2371	0.1416	0.000	√
X_4	−0.3851	−2.0996	0.067	×
X_5	1.0598	0.4149	0.000	√
X_6	9.2158	−2.8820	0.011	√
X_7	0.9391	0.9374	0.521	×
X_8	6.6845	4.8573	0.018	√
X_9	5.1763	4.1793	0.744	×
X_{10}	1.0564	0.8349	0.069	×
X_{11}	0.4854	0.3482	0.016	√

表5-20(续)

指标	摘帽公司均值	未摘帽公司均值	P值	初选
X_{12}	-0.5452	-725.5232	0.033	√
X_{13}	-0.0668	-3.6450	0.021	√
X_{14}	-0.1967	-0.3353	0.020	√
X_{15}	9.5513	5.7974	0.001	√
X_{16}	-0.2904	-0.6777	0.034	√
X_{17}	1.2701	0.1951	0.000	√
X_{18}	0.5840	0.5518	0.316	×
X_{19}	-0.0621	-0.7748	0.000	√
X_{20}	-0.1151	-0.1710	0.047	√
X_{21}	-0.0152	0.0446	0.205	×
X_{22}	0.9494	2.8380	0.094	×
X_{23}	-0.0566	0.1140	0.101	×
X_{24}	0.0837	0.0060	0.022	√
X_{25}	-0.0480	-0.1364	0.040	√

公司治理指标经过初选剩余11个,且在5%水平上显著。除了6个反映股权结构特征的指标之外,还有4个董事会、监事会特征指标和1个高管激励指标均包括在内,比ST前一年的静态重组数据更为充分。基于与前面相同的原因,我们将G_5去除,最终的公司治理初选指标包括10个:控股股东性质、第1大股东持股比例、前5大股东持股比例、第2-5大股东持股比例、股权制衡度、高管人数、董事会会议次数、监事会会议次数、股东大会召开次数、高管年薪总额。

表5-21 动态重组样本的公司治理指标均值与Mann-Whitney U检验结果

指标	摘帽公司均值	未摘帽公司均值	P值	初选
G_1	0.6200	0.4500	0.004	√
G_2	42.8408	32.4421	0.000	√
G_3	56.4898	49.9961	0.000	√

表5-21(续)

指标	摘帽公司均值	未摘帽公司均值	P 值	初选
G_4	13.6490	17.5540	0.002	√
G_5	15.8749	20.2536	0.002	√
G_6	0.4698	0.6880	0.000	√
G_7	0.2300	0.1900	0.439	×
G_8	8.8700	8.7900	0.561	×
G9	17.4561	13.1198	0.055	×
G_{10}	3.7900	3.7400	0.811	×
G_{11}	6.1100	5.3800	0.002	√
G_{12}	9.4500	8.0800	0.006	√
G_{13}	4.4700	3.9800	0.038	√
G_{14}	2.8500	2.5100	0.071	√
G_{15}	2.4800	2.3900	0.871	×
G_{16}	0.5800	0.5500	0.675	×
G_{17}	0.0729	0.0238	0.846	×
G_{18}	0.0055	0.0012	0.365	×
G_{19}	0.0712	0.0300	0.642	×
G_{20}	113.0800	83.5300	0.025	√
G_{21}	34.5950	29.5420	0.116	×
G_{22}	46.7080	36.4170	0.142	×

5.4.3.3 初选指标因子分析

动态重组样本的财务数据与公司治理数据的 KMO 值均高于 0.5,见表 5-22,适合做因子分析。

表 5-22 动态重组样本的财务与公司治理数据 KMO 和 Bartlett 检验结果

检验参数	财务指标数据	公司治理指标数据
KMO 值	0.704	0.509

表5-22(续)

检验参数	财务指标数据	公司治理指标数据
Bartlett 球形度	3508.714	2817.453
Sig. 值	0.000	0.000

表5-23　　动态重组样本数据因子特征值与累计方差贡献率

因子个数	财务因子			公司治理因子		
	特征值	方差贡献率（%）	累计方差贡献率（%）	特征值	方差贡献率（%）	累计方差贡献率（%）
1	3.805	23.780	23.780	2.789	27.887	27.887
2	2.515	15.717	39.496	1.748	17.484	45.371
3	1.733	10.833	50.329	1.501	15.006	60.377
4	1.257	7.855	58.184	1.106	11.061	71.438
5	1.100	6.876	65.060	0.801	8.007	79.445
6	1.000	6.248	71.308	0.739	7.394	86.839
7	0.884	5.525	76.833	……	……	……
8	0.782	4.888	81.721			
……	……	……	……			

依然以累计方差贡献率大于80%为原则，确定用于构建动态重组样本恢复预测模型的财务因子和公司治理因子，见表5-23。8个财务因子解释了16个财务指标数据信息总方差的81.721%，6个公司治理因子解释了10个公司治理数据信息总方差的86.839%。这些财务因子与公司治理因子的具体含义见表5-24、表5-25的因子旋转成分矩阵。

表5-24　　动态重组样本财务因子旋转成分矩阵

指标	F-Factor1	F-Factor2	F-Factor3	F-Factor4	F-Factor5	F-Factor6	F-Factor7	F-Factor8
X_2	0.958	-0.034	0.061	-0.038	0.010	-0.050	0.006	0.014
X_1	0.929	-0.032	0.149	0.011	-0.010	-0.010	0.018	0.025
X_5	0.900	0.003	0.202	-0.037	-0.004	-0.006	0.013	0.012
X_3	0.885	0.117	-0.081	-0.001	0.075	0.147	-0.017	-0.017
X_{25}	0.028	0.882	0.077	0.034	0.089	0.059	-0.026	-0.026

表5-24(续)

指标	F-Factor1	F-Factor2	F-Factor3	F-Factor4	F-Factor5	F-Factor6	F-Factor7	F-Factor8
X_{24}	-0.020	0.870	0.114	-0.059	-0.015	0.001	0.000	0.013
X_{17}	0.266	0.136	0.779	0.012	-0.107	-0.163	0.004	0.078
X_{16}	0.097	0.372	0.691	-0.034	0.370	-0.036	0.028	0.019
X_{20}	0.001	0.154	0.674	0.127	0.052	0.143	0.173	-0.019
X_{19}	0.061	-0.050	0.639	-0.059	0.428	0.115	-0.216	-0.056
X_{15}	-0.011	0.006	0.134	0.883	-0.045	0.022	-0.001	-0.011
X_{11}	-0.038	-0.042	-0.057	0.860	0.134	0.139	0.001	0.033
X_{14}	0.026	0.129	0.101	0.103	0.896	-0.003	0.182	0.031
X_8	0.057	0.046	0.050	0.151	0.009	0.958	0.010	0.015
X_{13}	0.016	-0.026	0.052	-0.007	0.136	0.011	0.956	-0.008
X_{12}	0.022	-0.008	0.015	0.020	0.020	0.014	-0.007	0.995

表 5-25　　动态重组样本公司治理因子旋转成分矩阵

指标	G-Factor1	G-Factor2	G-Factor3	G-Factor4	G-Factor5	G-Factor6
G_5	0.961	0.130	0.010	-0.109	-0.036	-0.006
G_6	0.943	-0.122	-0.029	-0.113	0.041	0.021
G_3	0.082	0.984	-0.002	-0.006	-0.024	-0.076
G_2	-0.666	0.715	0.000	0.082	0.009	-0.063
G_{13}	-0.006	-0.027	0.940	-0.010	0.121	0.023
G_{14}	-0.023	-0.021	0.929	-0.016	0.055	0.007
G_{11}	-0.019	-0.131	0.072	0.866	-0.035	0.203
G_1	-0.333	0.278	-0.124	0.664	0.044	-0.153
G_{12}	0.019	0.030	0.316	0.015	0.806	0.066
G_{20}	0.024	-0.087	0.034	0.087	0.044	0.977

由表5-24的财务因子旋转成分矩阵可以看出，F-Factor1主要涵盖了X_2（速动比率）、X_1（流动比率）、X_5（权益对负债比率）、X_3（现金比率），可将其概括为偿债因子；F-Factor2主要涵盖了X_{25}（每股现金净流量）、X_{24}（每股经营活动现金净流量），可将其概括为每股现金流量因子；F-Factor3主要涵盖了X_{17}（每股净资产）、X_{16}（每股收益）、X_{20}（总资产增长率）、X_{19}（资本

积累率），可将其概括为每股获利及资本资产增长因子；F-Factor4 主要涵盖了 X_{15}（收入管理费用比）、X_{11}（总资产周转率），可将其概括为管理能力与水平因子；F-Factor5 主要涵盖 X_{14}（成本费用利润率），可将其称为成本费用获利因子；F-Factor6 主要涵盖 X_8（应收账款周转率率），可将其称为应收账款周转因子；F-Factor7 主要涵盖 X_{13}（资产报酬率），可将其称为资产报酬因子；F-Factor8 主要涵盖 X_{12}（营业收入净利率），可将其称为收入获利因子。

根据表 5-25，G-Factor1 主要涵盖了 G_5（第 2-10 股东持股比例）、G_6（股权制衡度），可将其概括为股权制衡因子；G-Factor2 主要涵盖 G_3（前 5 大股东持股比例）、G_2（第 1 大股东持股比例），可将其概括为股权集中因子；G-Factor3 主要涵盖 G_{13}（监事会会议次数）、G_{14}（股东大会会议次数），可将其概括为监事会与股东大会会议因子；G-Factor4 主要涵盖 G_{11}（高管人数）、G_1（控股股东性质），可将其概括为控股股东性质与高管规模因子；G-Factor5 主要涵盖 G_{12}（董事会会议次数），可称之为董事会会议因子；G-Factor6 主要涵盖 G_{20}（高管薪酬总额），可称之为高管薪酬因子。

接下来，根据表 5-26、表 5-27 列示的财务因子与公司治理因子得分系数矩阵，对以上各因子的得分进行计算。具体计算公式此处不再列出，计算方法同前（见 5.4.1）。

表 5-26　　　动态重组样本的财务因子得分系数矩阵

指标	F-Factor1	F-Factor2	F-Factor3	F-Factor4	F-Factor5	F-Factor6	F-Factor7	F-Factor8
X_1	0.270	-0.032	0.010	0.031	-0.034	-0.034	0.016	0.004
X_2	0.289	-0.020	-0.057	0.009	0.014	-0.070	0.000	-0.005
X_3	0.280	0.081	-0.186	0.003	0.085	0.116	-0.034	-0.032
X_5	0.255	-0.024	0.044	-0.005	-0.041	-0.021	0.012	-0.007
X_8	-0.010	-0.015	0.032	-0.084	-0.076	0.965	0.016	0.015
X_{11}	0.018	-0.001	-0.093	0.550	0.095	-0.030	-0.037	0.010
X_{12}	-0.013	-0.002	-0.012	-0.018	0.009	0.015	-0.010	0.992
X_{13}	-0.005	-0.024	0.019	-0.031	-0.054	0.014	0.944	-0.009
X_{14}	0.010	-0.030	-0.161	0.018	0.830	-0.080	0.014	0.019
X_{15}	0.009	0.019	0.065	0.593	-0.127	-0.144	-0.004	-0.036
X_{16}	-0.017	0.193	0.172	-0.036	0.198	-0.068	-0.028	0.010
X_{17}	0.002	-0.035	0.504	0.024	-0.288	-0.162	0.033	0.060
X_{19}	-0.049	-0.203	0.352	-0.110	0.334	0.117	-0.294	-0.070
X_{20}	-0.071	-0.032	0.426	0.031	-0.165	0.130	0.174	-0.031

表5-26(续)

指标	F-Factor1	F-Factor2	F-Factor3	F-Factor4	F-Factor5	F-Factor6	F-Factor7	F-Factor8
X_{24}	-0.010	0.505	-0.069	-0.010	-0.133	-0.020	0.021	0.020
X_{25}	0.012	0.509	-0.128	0.041	-0.024	0.012	-0.027	-0.023

表 5-27　　动态重组样本的公司治理因子得分系数矩阵

指标	G-Factor1	G-Factor2	G-Factor3	G-Factor4	G-Factor5	G-Factor6
G_1	0.009	0.098	-0.102	0.557	0.097	-0.202
G_2	-0.220	0.397	0.007	-0.070	0.005	0.080
G_3	0.162	0.673	0.022	-0.013	-0.020	0.088
G_5	0.465	0.209	0.025	0.083	-0.030	-0.016
G_6	0.424	0.038	-0.044	0.081	0.062	-0.031
G_{11}	0.132	-0.089	0.087	0.763	-0.069	0.040
G_{12}	0.020	0.039	0.370	0.023	0.296	0.002
G_{13}	0.002	-0.014	-0.239	-0.007	0.908	-0.030
G_{14}	-0.013	-0.007	0.846	0.006	-0.290	-0.065
G_{20}	-0.035	0.110	-0.056	-0.079	-0.013	0.998

5.4.3.4　模型构建

以上述所提炼的8个财务因子和6个公司治理因子的计算得分为解释变量，以样本公司的恢复情况为被解释变量，以样本的总资产规模为控制变量，构建动态样本恢复预测模型1；在此基础上，以财务因子、公司治理因子、动态样本的不同重组选择方式作为解释变量，以资产规模为控制变量，以困境恢复为被解释变量，构建动态样本恢复预测模型2。各变量设定情况见表5-28，其中，未单独设定内部重整指标，以其他重组方式取0对其进行界定。

表 5-28　　动态样本困境恢复预测模型变量设定

变量符号	变量名称	变量设定
RECOVERY	财务困境恢复	动态样本在1年内摘帽取值1；否则取值0
F-Factor1	偿债因子	偿债因子得分
F-Factor2	每股现金流量因子	每股现金流量因子得分

表5-28(续)

变量符号	变量名称	变量设定
F-Factor3	每股获利及资本资产增长因子	每股获利及资本资产增长因子得分
F-Factor4	管理能力与水平因子	管理能力与水平因子得分
F-Factor5	盈利因子	盈利因子得分
F-Factor6	成本费用获利因子	成本费用获利因子得分
F-Factor7	应收账款周转因子	应收账款周转因子得分
F-Factor8	收入获利因子	收入获利因子得分
G-Factor1	股权制衡因子	股权制衡因子得分
G-Factor2	股权集中因子	股权集中因子得分
G-Factor3	监事会与股东大会会议因子	股东大会与董事会会议因子得分
G-Factor4	控股股东性质与高管规模因子	控股股东性质与高管规模因子得分
G-Factor5	董事会会议因子	监事会会议因子得分
G-Factor6	高管薪酬因子	高管薪酬因子得分
MA	兼并收购	动态样本1年内未发生控制权转移，且最大金额重组方式为兼并收购，取值1；否则取值0
DR	债务重组	动态样本1年内未发生控制权转移，且最大金额重组方式为债务重组，取值1；否则取值0
AT	资产剥离	动态样本1年内未发生控制权转移，且最大金额重组方式为资产剥离，取值1；否则取值0
AR	资产置换	动态样本1年内未发生控制权转移，且最大金额重组方式为资产置换，取值1；否则取值0
SHT-A	股权转让	动态样本1年内未发生控制权转移，且最大金额重组方式为股权转让，取值1；否则取值0
ABONR	放弃式重组	动态样本1年内采取了控制权转移的放弃式重组方式，取值1；否则取值0
SIZE	公司规模	样本公司总资产的自然对数

从表5-29的动态样本回归结果以及表5-30的预测结果看，考虑重组选择方式的动态样本恢复预测模型2在显著性、拟合优度以及模型预测的准确率

上均要好于未考虑重组选择方式的动态样本预测模型1。假设11在动态样本数据的实证中也通过了检验。

另外，我们从动态样本预测模型2的各变量回归系数可以看到：财务因子中的F-Factor1（偿债因子）、F-Factor3（每股获利及资本资产增长因子）、F-Factor5（成本费用获利因子）、F-Factor8（收入获利因子）进入模型并在1%水平上显著，这四个财务因子涵盖了企业三个方面的财务能力：偿债能力、盈利能力、发展能力，它们的系数均为正，表明企业偿债能力、盈利能力、发展能力对财务困境恢复的具有显著的预测效果和积极的促进作用，除了前面已经被证实的假设3、假设4之外，假设1在动态样本数据中也得到验证。

再看公司治理方面，G-Factor1（股权制衡因子）、G-Factor2（股权集中因子）、G-Factor4（控股股东性质与高管规模因子）、G-Factor5（董事会会议次数）均进入模型且通过显著性检验。这四个因子涵盖了两个方面的公司治理情况：股权结构特征和董事会在困境中的反应。因为董事会会议次数恰好说明了在困境中董事们的相关努力程度，包括及时召开会议探讨和谋取摘帽策略。相比先前的非动态重组样本的预测模型，该指标进入动态样本预测模型，且系数为正，表明困境公司的董事会在困境过程中所做出的积极应对对公司摘帽具有一定的效果。股权集中因子系数为正且依然最高，股权制衡因子系数为负，再次印证了大股东支持对财务困境公司成功摘帽的积极作用，控股股东性质与高管规模因子系数为正，说明公司为国有控股属性和具备充分的高管人才对困境恢复同样有效。假设6再次通过检验，但假设7未能全部得到认可，除了在动态样本中的董事会会议因子，其他董事会特征对困境恢复不具有显著影响，反映激励约束机制的高管薪酬因子也未能进入模型，与假设8不符。

我们再次增加高管变更指标，与前述指标一起进行Logit回归，其依然未能进入模型。我们观察样本公司的高管变更情况后发现，无论在困境之前（非动态样本）还是在困境过程中（动态样本），ST公司更换高管的情况都非常频繁，摘帽公司与未摘帽公司均有一半以上更换了高管。但是，公司陷入困境并非一时的流动性问题，而是发生了严重的亏损，单单依靠变更高管不能使之扭转和恢复，决定公司摘帽的首要因素是公司的各种财务能力尤其是盈利能力以及大股东的支持力度。所以，高管变更与我国的困境公司恢复并无显著的关系，假设9不成立。

最后看重组选择方面，控制权转移的放弃式重组、资产置换、资产剥离均对困境恢复产生积极作用，兼并收购对于已陷入困境的公司的摘帽也具有正向效果。我们考察具体样本后发现，因兼并收购而摘帽的公司很多是由于在上一年进行了控制权转移的放弃式重组,未发生控制权转移而直接兼并收购的样本摘帽情况并不好,所以该指标可以理解为是控制权转移后的兼并收购。

由表5-30可以看出,动态样本预测模型的总体正确率为84.8%。高于静态样本预测模型的总体正确率(75.0%)。但是,动态样本预测模型的Ⅰ类错误率(将可能摘帽的公司预测为不能摘帽)比静态模型要高。因为动态样本中人为增加了很多未摘帽公司,使得摘帽与未摘帽的样本数量不再大体相当,而是有较大差异。我们根据样本数量情况重新设置模型概率分割点为0.2,得到模型的未摘帽公司预测正确率为74.9%,摘帽公司预测正确率为76.6%,总体预测正确率为75.2%,比静态模型的总体正确率稍微偏高。但是,本书的研究中,Ⅱ类错误(将不能摘帽的公司预测为摘帽)的成本要远高于Ⅰ类错误(将可能摘帽的公司预测为不能摘帽),所以我们认为,针对财务困境公司的动态恢复预测,依然以0.5作为概率分割点比较合适。

表5-29　　动态样本财务困境恢复预测模型的回归结果

模型	变量	B	Wals	Sig.
动态样本预测模型1	Constant	-11.086***	9.737	0.002
	F-Factor1	0.431***	10.320	0.001
	F-Factor3	0.484***	12.556	0.000
	F-Factor5	0.160***	6.878	0.009
	F-Factor8	0.010***	24.610	0.000
	G-Factor1	-1.076***	6.150	0.013
	G-Factor2	2.131***	10.582	0.001
	G-Factor4	0.463***	16.048	0.000
	G-Factor5	0.129***	6.432	0.015
	SIZE	0.739*	3.581	0.058
	-2log likehood	395.306 (0.000)		
	Cox & Snell R^2	0.151		
	Nagelkerke R^2	0.243		

表5-29(续)

模型	变量	B	Wals	Sig.
动态样本预测模型2	Constant	-12.484***	10.483	0.001
	F-Factor1	0.374**	6.199	0.013
	F-Factor3	0.475***	11.244	0.001
	F-Factor5	0.176***	8.078	0.004
	F-Factor8	0.009***	16.167	0.000
	G-Factor1	-0.774*	2.806	0.094
	G-Factor2	1.845***	7.071	0.008
	G-Factor4	0.448***	13.760	0.000
	G-Factor5	0.134***	7.250	0.007
	MA	1.733***	13.852	0.000
	AR	2.089***	13.267	0.000
	AT	1.718***	14.168	0.000
	ABONR	2.692***	30.924	0.000
	SIZE	0.722*	2.913	0.088
	-2log likehood	353.478 (0.000)		
	Cox & Snell R^2	0.219		
	Nagelkerke R^2	0.354		

注：表中的 ***、**、* 分别表示在1%、5%、10%水平上显著。

表5-30 动态样本财务困境恢复预测模型预测结果

模型	公司实际情况	模型预测状态 未摘帽	模型预测状态 摘帽	合计	正确率	总正确率
动态样本预测模型1	未摘帽	389	12	402	96.8%	83.7%
	摘帽	68	26	94	27.7%	
动态样本预测模型2	未摘帽	383	19	402	95.3%	84.8%
	摘帽	56	38	94	40.43%	

5.5 本章小结

本章主要针对财务困境公司的恢复进行了预测研究。在对困境恢复预测进行文献回顾的基础上，提出财务困境公司恢复的影响因素及相关假设，探讨重组选择方式的引入对恢复预测的作用和影响。本章实证发现，基于财务与公司治理指标的困境恢复预测模型准确率为 70.2%，考虑重组选择方式的恢复预测模型准确率提高至 73.1%，而考虑具体重组选择模式的财务困境恢复预测模型准确率达到 75.0%，即重组方式的引入能够改善财务困境恢复预测模型的准确率，提高模型的显著性和拟合优度水平。在对样本公司被 ST 前一年的数据实证检验中发现，财务困境恢复主要受到公司财务能力中盈利能力的影响以及公司治理中股权结构特征的影响，盈利能力越强，越有利于公司恢复，股权集中度越高，越容易获得大股东支持而使 ST 公司成功摘帽。控股股东性质与高管规模也对公司的恢复产生积极影响。而高管变更与财务困境恢复之间不存在显著联系。重组选择方式中的控制权转移的放弃式重组、支持性重组中的资产剥离与资产置换对财务困境恢复具有积极作用，而兼并收购、债务重组、非控制权转移的股权转让则不利于困境公司的恢复。

在以上分析基础上，为了能够随时关注和预测处于困境中的 ST 公司的动态恢复情况，本书引入动态重组样本，再次构建恢复预测模型。实证发现：动态样本恢复预测模型的准确率显著提升，不考虑重组选择方式时为 83.7%，考虑重组选择方式时提高至 84.8%，比仅对样本公司被 ST 前一年数据所得的静态样本恢复预测模型的准确率分别提高 13.5% 和 9.8%。即基于动态样本的困境恢复预测模型，比基于静态样本的恢复预测模型的预测效果要好。而且，在动态样本预测中引入具体的重组选择方式提高了模型的预测准确率水平（83.7%→84.8%）。对于已处于困境中的 ST 公司的动态恢复预测中发现：盈利能力依然是影响困境恢复的首要财务因素，而偿债能力和发展能力对处于困境中的 ST 公司的摘帽也具有正向积极作用。公司治理中，股权集中度、控股股东性质与高管规模对困境恢复有较好的效果，董事会的积极作为也会对困境公司的恢复产生有利的促进。作为公司治理质量衡量指标之一的股权制衡度与困境恢复负相关，高管变更对财务困境恢复依然不产生显著影响。重组选择中，控制权转移的放弃式重组、资产置换、资产剥离、兼并收购（转移后）对困境中的 ST 公司的摘帽有积极的作用，内部重整、债务重组、不涉及控股股东变更的股权转让则不具有相应效果。

6 我国财务困境公司内部控制质量提升及其影响

内部控制是由公司董事会、监事会、经理层和全体员工实施的,旨在实现控制目标的过程。内部控制目标包括合理保证企业经营管理合法合规、资产安全、财务报告真实完整,提高经营效率和效果,促进企业实现发展战略。2006年,上交所和深交所相继出台《上市公司内部控制指引》,2008年财政部等五部委联合发布《企业内部控制基本规范》,2010年《企业内部控制配套指引》出台,标志着我国内部控制体系已基本形成。已有研究文献发现,内部控制重大缺陷对企业陷入财务困境具有显著的影响,内部控制质量会影响企业的盈余持续性,高质量内部控制能够抑制管理层的盈余管理行为和提高会计稳健性。那么,内部控制质量对财务困境恢复能否产生影响,其作用机理如何,目前尚无研究。本章以上交所和深交所《上市公司内部控制指引》实施以来的A股ST公司数据为依据,对财务困境公司内部控制质量提升及其对财务困境恢复的影响进行研究。

6.1 文献回顾与研究假设

国外对财务困境预测研究起步较早,对财务困境恢复的研究则比较晚。White(1984)对影响财务困境企业恢复的因素进行分析并建立区分重组成功与破产清算公司的模型。Hong S C.(1983)以1970—1979年间99个财务困境公司为样本,通过构建logistic模型发现影响困境公司恢复的最显著变量是自由资产比例。Casey et al.(1986)采用probit模型研究发现自由资产水平和盈利前景对困境公司的成功恢复具有显著的判别能力。Robbins(1992)研究发现效率主导战略对于困境成功恢复是必要的。Bibeault(1982)、Finkin(1985)、Arogyaswamy et al.(1995)指出更换高级管理人员是财务困境公司成功恢复的重要一步。Pant（1991）研究则发现财务困境恢复公司较之失败公司一般规模较小。

国内一致以 ST 上市公司作为财务困境的惯例研究对象，困境预测研究始于 20 世纪 80 年代，而财务困境恢复研究是近几年才展开的。赵丽琼等（2008）以 1998—2002 年被 ST 公司为样本，采用 logistic 模型建立了财务困境恢复的预测模型，发现财务困境恢复与困境严重程度负相关，而与自由资产数量和效率主导战略呈正相关关系。此后，赵丽琼等（2008，2009，2010）就股权结构、董事会特征、高管激励与财务困境恢复的关系进行检验，发现这些公司治理结构特征对财务困境恢复均有积极作用。过新伟（2012）就 CEO 变更研究发现：公司财务困境期间非正常更换 CEO 对于困境恢复具有显著积极作用；在其他条件相同时，有职业经验继任者比无职业经验继任者更能显著帮助困境公司摆脱危机；而具有职业经验的 CEO 继任者中，外部继任者的作用大于内部继任者。倪中新等（2012）利用生存分析中的 Cox 比例危险模型对上市公司陷入财务困境后影响其成功恢复的因素进行实证研究发现：困境公司能否顺利摆脱困境受到财务和公司治理因素的共同影响。董保国（2009），尹斌（2012）就上市公司财务困境恢复影响因素进行实证检验，发现对财务困境恢复具有显著性影响的因素既包括公司偿债能力、盈利能力等财务指标，又包括宏观经济形势以及是否更换高管等非财务指标。

从国外和国内的相关文献看到，财务困境恢复的研究角度已有若干，但从内部控制角度进行财务困境恢复的探讨尚未出现。内部控制是为达成既定目标而建立的一系列制度和程序，作为企业的一种内在制度安排，其建立、健全能够制约、监督公司的经营决策，最大限度减少非效率投资行为和降低交易风险，并缓解代理问题。李志云等（2012）发现，处于财务困境的公司更具有盈余管理的动机，因为盈余管理更容易使 ST 公司脱星摘帽。而内部控制一方面能够抑制盈余管理（方红星，2011），另一方面则有利于提高企业的经营效率和效果。那么，内部控制质量的提高会使盈余管理降低而妨碍财务困境恢复，还是使公司经营效率提高从而摆脱财务困境？从内部控制的五大目标来看，如果公司内部控制是健全和有效的，那么其战略、效率、财务报告真实、资产安全、法规遵循这些目标的实现会得以合理保证。当公司内部控制存在缺陷时，契约各方的代理冲突不能好好地解决，从而滋生财务困境诱因，使公司面临财务困境的可能性增大（李万福，2012）。那么，当上市公司陷入财务困境后，如果能主动从提高其内部控制质量入手，同样有助于其从财务困境中恢复。因为内部控制是企业运行中的一个系统工程，内部控制质量提升和有效运行能够最大限度为企业的健康发展保驾护航。困境公司仅仅基于盈余管理在短时期内或能摘帽,然而,基于低质量的内部控制而摘帽的 ST 公司其财务困境不能从本质上得以恢复。基于此,本书提出以下假设:

H1:内部控制质量与财务困境恢复正相关,即内部控制质量越高的公司其财务困境越容易恢复;

H2:内部控制质量与上市公司假恢复(即是否反复被 ST)负相关,即在摘帽 ST 公司中,内部控制质量高的公司其财务困境真正恢复,而内部控制质量低的公司只是短期摘帽,不久又第二次甚至多次被 ST。

6.2 研究设计与样本选择

6.2.1 内部控制质量衡量

本书依据 COSO 报告和《内部控制基本规范》中五要素框架及其所涵盖具体内容,借鉴《中国上市公司 2011 年内部控制白皮书》(深圳迪博企业风险管理技术有限公司,2011)和杨玉凤(2010)、杨群辉(2011)等学者的研究成果,参考建立内部控制质量衡量指标体系(见表 6-1)。考虑到各一级指标下属的二级指标数目不相等,对表 1 中的各一级指标得分值确定为其所属二级细项指标得分值加总的平均值,内部控制质量总体评分为一级指标得分合计数。[①]

[①] 计算内部控制质量总分所纳入的一级指标为内部环境、风险评估、控制活动、信息与沟通、监督。其中,"监督"指标分 = 50%×IM 得分 + 50%×EM 得分。内部控制质量总分介于 5~25 分之间。

表 6-1　　　　　　　　内部控制质量衡量指标细分

一级指标	二级指标	衡量标准
内部环境 Internal Environment	IE1：独立董事比例	独立董事人数/董事会总人数，该比率高于 50%，赋值 5；介于 40%~50% 之间，赋值 4；介于 30%~40% 之间，赋值 3；介于 20%~30% 之间，赋值 4；低于 20%，赋值 1
	IE2：审计委员会建立及设置情况	按照规范要求建立赋值 5，否则赋值 1
	IE3：董事长、副董事长是否兼任总经理	不兼任赋值 5；副董事长兼任，赋值 3；董事长兼任，赋值 1
	IE4：股权制衡度	第二至第五大股东持股比例平方和/第一大股东持股比例平方和，该比率大于 50%，赋值 5；介于 40%~50% 之间，赋值 4；介于 30%~40% 之间，赋值 3；介于 20%~30% 之间，赋值 4；小于 20%，赋值 1
	IE5：公司文化建设情况	披露企业文化建设措施并取得明显成效，赋值 5；披露企业文化建设情况但未披露详细措施，赋值 3；未披露企业文化培育建设情况，赋值 1
	IE6：绩效评价及激励约束机制建立情况	已完成绩效评价及激励约束制度构建，赋值 5；尚未完成，但已开始着手建立，赋值 3；未开始建立，赋值 1
风险评估 Risk Appraisal	RA1：风险识别情况	对公司风险进行全面、细致的识别，赋值 5；对公司风险进行一般性的较简单识别，赋值 3；未进行风险识别，赋值 1
	RA2：对公司优势和劣势的分析	较详细分析公司的优势和劣势，赋值 5；简单分析公司优、劣势，赋值 3；未分析公司优、劣势，赋值 1
	RA3：是否针对公司特有风险做出指示	若做出明显指示，赋值 5；否则赋值 1
控制活动 Control Activity	CA1：职责分工是否明确	有较详细的职责分工体系说明，赋值 5；有职责分工说明但不明确，赋值 3；无职责分工披露说明，赋值 1
	CA2：是否设定公司战略目标	若有赋值 5，否则赋值 1
	CA3：公司是否设立各种活动的内部控制制度	根据公司披露的各项活动的控制制度情况赋值，披露 5 项及以上控制活动制度，赋值 5；披露 4 项，赋值 4；披露 3 项，赋值 3；披露 2 项，赋值 2；披露 1 项及以下，赋值 1

表6-1(续)

一级指标	二级指标	衡量标准
信息与沟通 Information and Communication	IC1：董事会会议次数	年度内实际召开次数，7次及以上，赋值5；4~6次，赋值3；3次以内，赋值1
	IC2：监事会会议次数	年度内实际召开次数，7次及以上，赋值5；4~6次，赋值3；3次以内，赋值1
	IC3：投资者关系管理制度建立情况	建立赋值5，否则赋值1
监督 Monit-oring	内部监督 IM	IM1：内部审计机构设置情况	设置符合内控规范赋值5，否则赋值1
		IM2：监事会对该年度有关事项的独立意见	披露监事会独立意见次数：5次及以上，赋值5；4次赋值4；3次赋值3；2次赋值2；1次及以下，赋值1
		IM3：独立董事发表意见次数	该年度独立董事就有关事项发表意见次数：5次及以上，赋值5；4次赋值4；3次赋值3；2次赋值2；1次及以下，赋值1。多名独立董事针对一件事发表意见计1次
	外部监督 EM	EM1：会计师事务所对财务报告的审计意见	标准审计报告=5；带强调事项段无保留意见审计报告=4；保留意见审计报告=3；无法表示意见审计报告=2；否定意见审计报告=1
		EM2：内部控制鉴证报告自愿披露情况	披露赋值5，否则赋值1

6.2.2 模型设计和变量选择

根据前文假设，以内部控制质量为自变量，以财务困境公司是否恢复为因变量构建模型（1）和模型（2）；以内部控制质量为自变量，以摘帽ST公司是否多次①被ST为因变量构建模型（3）。三个logistic模型的控制变量均相同，包括公司规模、控股股东性质以及是否更换高管。

$$P（RECOVERY_i = 1）= \frac{1}{1+\exp（-Z_i）}$$

$$Z_i = \beta_0 + \beta_1 ICQ_i + \beta_2 SIZE_i + \beta_3 CONS_i + \beta_4 TMC_i + \varepsilon_i \tag{6.1}$$

$$Z_i = \alpha_0 + \alpha_1（IE_i, RA, CA_i, IC, IM, EM_i）+ \alpha_2 SIZE_i + \alpha_3 CONS_i + \alpha_4 TMC_i + \mu_i \tag{6.2}$$

---

① 指两次或两次以上。

$$P(ST \geq 2_i = 1) = \frac{1}{1+\exp(-Y_i)}$$
$$Y_i = \lambda_0 + \lambda_1 ICQ_i + \lambda_2 SIZE_i + \lambda_3 CONS_i + \lambda_4 TMC_i + \omega_i \tag{6.3}$$

模型中各变量定义见表 6-2。

表 6-2　　　　　　　　　　　　变量定义表

变量类型	变量名称	经济含义	变量定义
因变量	RECOVERY	财务困境恢复	ST 公司两年内摘帽，设定 1；若 ST 公司两年内未摘帽，设定 0
	ST≥2	假恢复	若公司被 ST 两次或两次以上，定义为假恢复，取值 1；被 ST 一次，取值 0
自变量	ICQ	内部控制质量	根据内部控制衡量指标评分（见表 6-1）
	IE	内部环境	根据内部环境衡量指标评分（见表 6-1）
	RA	风险评估	根据风险评估衡量指标评分（见表 6-1）
	CA	控制活动	根据控制活动衡量指标评分（见表 6-1）
	IC	信息与沟通	根据信息与沟通衡量指标评分（见表 6-1）
	IM	内部监督	根据内部监督衡量指标评分（见表 6-1）
	EM	外部监督	根据外部监督衡量指标评分（见表 6-1）
控制变量	SIZE	公司规模	公司年末资产的对数值
	CONS	控股股东性质	控股股东为国有股，设定 1；其他设为 0
	TMC	高管更换	董事长、副董事长、CEO 有变更，取 1；无变更取 0

6.2.3　样本数据来源

按照国内对财务困境的研究惯例，将上市公司被特别处理（ST）作为其陷入财务困境的标志，以 ST 公司两年内成功"摘帽"作为财务困境恢复标志。选取自 2007 年 1 月 1 日至 2011 年 12 月 31 日期间由于财务原因被 ST 的沪、深 A 股非金融类上市公司为样本来源。预留两年的恢复期，以 2011 年 12 月 31 日为起点向前推移，将 2007 年 1 月 1 日至 2009 年 12 月 31 日作为样本时间窗口，考虑该期间被特别处理上市公司在 ST 当年末的年报相关数据以及在 2 年内摘帽的情况。经过上述筛选过程，共获得 106 个 ST 公司样本，这些 ST 公司两年内摘帽的有 39 个。具体情况见表 6-3。本书所使用的上市公司 ST 数据数据库来源于国泰安 CSMAR，涉及内部控制质量指标信息则通过上交所、深交所网站所公布的上市公司年报经手工整理得到。

表 6-3　　　　　　　ST 公司数量与 2 年内摘帽情况

年份	ST 公司个数	ST 公司 2 年内摘帽		ST 公司 2 年内未摘帽	
		个数	比例%	个数	比例
2007	60	20	33.33	40	66.67
2008	23	6	26.09	17	73.91
2009	23	13	56.52	10	43.48
合计	106	39	36.79	67	63.21

6.3　实证分析

6.3.1　描述性统计

首先,从表 6-4 的全样本描述性统计可以看到:无论是总体的 ICQ,还是内部控制质量细分的各二级指标变量,其最大值、最小值均差异较大,说明所选择样本在内部控制质量水平上存在较大差异。同时,公司规模最大值为 20.21,而最小值为 9.36,也表明了这些 ST 公司的规模差距。

其次,从表 6-5 的对比样本均值分析中可以看到:相较于未摘帽公司,摘帽公司的内部控制质量总体评分与各二级指标变量取值上都相对大些,表明摘帽公司内部控制质量总体上要高于未摘帽公司。另外,ICQ 取值在摘帽公司与非摘帽公司之间在 5% 水平上存在显著差异;同时,ICQ 所属二级指标变量评分中,内部环境 IE、风险评估 RA 在 1% 水平上显著;控制活动 CA、内部监督 IM 在 10% 水平上显著;而作为控制变量的 CONS、TMC、SIZE 分别在 1%、1%、5% 水平上显著。ICQ 所属的二级指标信息与沟通 IC、外部监督 EM 其评分值在摘帽公司与未摘帽公司之间则差异不明显。

表 6-4　　　　　　　　　全样本描述性统计

变量	样本数量	最大值	最小值	中位数	均值	标准差
ICQ	106	20.164	9.231	14.241	14.947	0.091
IE	106	3.500	1.833	2.991	2.787	0.114

表6-4(续)

变量	样本数量	最大值	最小值	中位数	均值	标准差
RA	106	5.000	1.667	3.014	3.741	0.243
CA	106	4.667	1.667	3.477	3.063	0.875
IC	106	3.667	1.000	2.204	2.531	0.216
IM	106	4.000	1.333	3.037	2.952	0.198
EM	106	3.000	1.500	2.147	2.239	0.016
SIZE	106	20.21	9.36	15.673	16.954	2.978
CONS	106	1.000	0.000	0.000	0.498	0.103
TMC	106	1.000	0.000	1.000	0.633	0.173

表6-5　　　　　　　　　　对比样本均值分析

变量	摘帽公司（39个）	未摘帽公司（67个）	Wilcoxon秩和检验（p值）
ICQ	17.756	12.433	-2.124（0.018）
IE	3.012	2.191	-3.317（0.002）
RA	4.068	2.753	4.026（0.000）
CA	3.984	2.697	-1.538（0.076）
IC	2.824	2.473	-0.146（0.962）
IM	3.271	2.142	1.613（0.054）
EM	2.597	2.063	-0.167（0.891）
SIZE	14.686	16.359	-1.672（0.031）
CONS	0.774	0.410	-3.579（0.000）
TMC	0.852	0.541	-3.629（0.000）

最后是关于已摘帽公司的内部控制质量比较。在39家摘帽公司中，只有两家公司在期限内重新陷入财务困境。这可能是缘于样本时间跨度比较短所导致。为了增大样本数量，我们将剩余的37家摘帽公司按时间往前推移至2001年1月1日，又选择了在2001年1月1日至2006年12月31日期间有过ST经历的9家公司，将ST≥2的样本数量增至11家，衡量这些两次以上被ST公司在被首次特别处理当年末的内部控制质量，分析其差异。见表6-6：ICQ在ST≥2样本中的均值为13.695，在ST=1样本中的均值为18.042，两者在1%水

平上显著差异；另外，TMC 在两类子样本间的均值在 5% 水平上存在差异，说明内部控制质量和是否更换高管对财务困境公司是否真正恢复起到作用。而 SIZE、CONS 在两者之间均值差异不大，说明公司规模和控股股东性质对于财务困境公司的恢复质量没有显著影响。

表 6-6　　　　　　　　　　子样本的配对均值比较

变量	ST≥2（11 个）	ST=1（28 个）	Wilcoxon 秩和检验 Z 值（p 值）
ICQ	13.695	18.042	-4.172（0.003）
SIZE	16.007	16.121	-0.117（0.911）
CONS	0.6934	0.7019	-0.109（0.954）
TMC	0.6013	0.7996	-2.026（0.037）

6.3.2　回归分析

从以上描述性统计可以大致看出，对于内部控制质量总体评分和其所属的大部分二级指标评分，摘帽公司整体状况要好于未摘帽公司；而内部控制质量评分对已摘帽公司的财务困境恢复质量也有较明显作用。但要验证前述假设，还需进一步通过 logistic 模型进行回归分析。此处为了避免各变量间的多重共线性，我们在模型估计中采用逐步回归方法。具体思路：模型 6.1 中，在控制公司规模 SIZE 的基础上，让 ICQ、CONS、TMC 分别进入模型；模型 6.2 中，以 SIZE、CONS、TMC 为控制变量，将 IE、RA、CA、IC、IM、EM 分别引入模型；模型 6.3 中，在控制公司规模和控股股东性质基础上，将 ICQ、TMC 分别引入模型。具体见表 6-7、表 6-8、表 6-9。表中的 ***、**、* 分别表示在 1%、5%、10% 水平上显著。

表 6-7　　　　　　　　　　模型 6.1 的回归结果

模型 变量	回归 I	回归 II	回归 III
CONSTANT	-14.638 (1.446)	1.638 (1.625)	1.554 (1.524)
ICQ	2.837** (2.765)		
CONS		14.281 (1.116)	

表6-7(续)

模型 变量	回归Ⅰ	回归Ⅱ	回归Ⅲ
TMC			12.600*** (3.542)
SIZE	-2.086 (1.853)	-3.434 (1.730)	-1.667 (1.327)
-2log likehood	59.48	49.67	53.56
Cox & Snell R^2	0.645	0.433	0.391
Nagelkerke R^2	0.517	0.506	0.312

表6-8　　　　　　　　模型6.2的回归结果

模型 变量	回归Ⅰ	回归Ⅱ	回归Ⅲ	回归Ⅳ	回归Ⅴ	回归Ⅵ
CONSTANT	-1.835 (1.847)	1.023 (1.661)	1.017 (2.015)	-2.037 (3.197)	-1.107 (2.036)	1.322 (2.874)
IE	0.376** (2.941)					
RA		0.097* (3.122)				
CA			0.132* (3.058)			
IC				0.147 (1.015)		
IM					0.166* (2.847)	
EM						0.299 (2.003)
SIZE	-1.979 (1.334)	-1.365 (2.015)	-1.054 (2.744)	-1.763 (1.942)	-1.106 (2.023)	-1.216 (3.047)
CONS	10.127 (2.533)	13.161 (1.988)	10.679 (2.026)	9.886 (3.105)	9.248 (2.017)	9.535 (2.486)
TMC	5.388 (3.144)	6.003* (3.038)	4.439* (2.984)	6.431** (2.765)	5.474* (1.986)	4.166** (2.018)
-2log likehood	60.12	59.57	60.45	57.92	60.15	57.87

表6-8(续)

模型 变量	回归Ⅰ	回归Ⅱ	回归Ⅲ	回归Ⅳ	回归Ⅴ	回归Ⅵ
Cox & Snell R^2	0.601	0.445	0.534	0.379	0.502	0.619
Nagelkerke R^2	0.511	0.496	0.473	0.632	0.598	0.607

表6-9　　　　　　　　　模型6.3的回归结果

模型 变量	回归Ⅰ	回归Ⅱ
CONSTANT	5.733 (1.876)	1.755 (1.625)
ICQ	-2.794** (2.918)	
TMC		-10.116** (2.967)
SIZE	-0.012 (1.015)	-0.714 (1.332)
CONS	20.483 (2.114)	21.473 (1.179)
-2log likehood	40.01	23.68
Cox & Snell R^2	0.672	0.469
Nagelkerke R^2	0.477	0.402

从表6-7的模型6.1回归结果可以看到，内部控制质量系数为正，且在5%水平上显著，说明ST公司的内部控制质量对其财务困境恢复具有正向显著作用，前述假设1得到验证。表6-8将内部控制质量二级指标变量逐一引入模型6.2，结果显示：二级内控指标变量系数均为正，表明这些二级指标变量的变动方向与内部控制总体质量的变动方向一致，且与财务困境恢复同向变化。其中，内部环境对于ST公司摘帽在5%水平上正向显著，风险评估、控制活动、内部监督对于ST公司摘帽在10%水平上正向显著；而信息与沟通、外部监督与财务困境恢复之间的关系不明显。这可能与内部控制二级指标的设计有关。另外，无论是模型6.1还是模型6.2中，高管变动对财务困境恢复均呈显著，模型6.1中，TMC在1%水平上显著，模型6.2中，除了回归Ⅰ外，回归Ⅱ、回归Ⅲ、回归Ⅳ、回归Ⅴ、回归Ⅵ里TMC均在10%水平上对ST摘帽具有

显著作用。而公司规模与控股股东性质对财务困境恢复没有明显影响。

表6-9的模型6.3的回归中,内部控制质量与ST公司多次被特别处理负相关,且在5%水平上显著。这表明已摘帽公司的内部控制质量与其"财务困境恢复是假恢复"为反向变动关系。即内部控制质量高的摘帽公司被再次特别处理的可能性大大降低,内部控制质量越低,摘帽ST公司再次被特别处理的可能性越大,假设2得到验证。

6.4 本章小结

本章针对我国财务困境公司的内部控制质量提升进行了研究,结果发现:内部控制总体质量水平对ST公司的财务困境恢复具有显著的积极作用。内部控制中的控制环境、风险评估、控制活动、来自公司内部的监督相较于信息与沟通和外部监督更有利于帮助财务困境公司恢复。

对已摘帽ST公司而言,内部控制质量对其是否"再次被ST"具有反向作用。即内部控制质量高的摘帽ST其恢复属于真正摆脱困境,而内部控制质量低的摘帽ST公司其恢复属于假恢复,因为这些公司再次陷入财务困境的可能性大大增加。

7 结论及政策建议

7.1 研究结论

本书从我国财务困境公司最经常采用的脱困手段——重组入手，针对我国证券市场上 IPO 的严格审核、退市制度出台以及 ST、*ST 制度规定、法人大股东集中控制的现实制度背景，分析财务困境公司重组选择的理论依据及本质，研究财务困境公司的重组选择对财务困境恢复的影响、对财务困境恢复预测的作用，以及对财务困境恢复之后的绩效影响。本书主要研究结论如下：

（1）重组行为选择对财务困境公司的恢复产生影响。

研究发现：2001 年证券监管部门虽然通过非经常性损益的扣除而提高 ST 公司重组摘帽的门槛与难度，但资产重组依然是财务困境公司恢复和摆脱困境的最主要手段。大股东对财务困境公司的支持在我国资本市场上显著存在。ST 公司资产重组的时间越早、成本越高，其摘帽恢复的可能性就越大。同时，ST 公司的摘帽并非只靠单一某种资产重组方式，而最终起决定作用的方式在摘帽与未摘帽公司中存在差异，实证结果是摘帽 ST 公司较明显采取了资产置换与股权转让方式，而未摘帽公司则更多地实施了兼并收购与债务重组方式。此外，控股股东性质与摘帽恢复正相关，国有控股属性公司其摘帽恢复的概率更高。对于重组恢复公司而言，困境程度对 ST 公司的重组选择具有显著影响：困境程度高的恢复公司采取了较显著的控制权转移重组策略，而困境程度低的公司则采取控制权保留的其他支持性重组策略。公司规模也对重组选择产生影响，规模越小的公司其被买壳收购的可能性越高。

（2）重组方式的引入能够改善财务困境恢复预测模型的准确率，提高模型的显著性和拟合优度水平。

在对样本公司被 ST 前一年的数据实证检验中发现，基于财务与公司治理指标的困境恢复预测模型准确率为 70.2%，考虑重组选择方式的恢复预测模型准确率提高至 73.1%，而考虑具体重组选择模式的财务困境恢复预测模型准确率达到 75.0%；在以上分析基础上，引入动态重组样本，构建困境中 ST 公司的恢复预测模型发现：不考虑重组选择方式时，动态样本恢复预测模型的准确率为 83.7%，考虑重组选择方式时，动态样本恢复预测模型的准确率提高至 84.8%，比静态样本恢复预测模型的准确率分别提高 13.5% 和 9.8%。即动态样本困境恢复预测模型比静态样本恢复预测模型的预测效果要好，而且，动态样本预测中引入具体重组选择方式同样提高了模型的预测准确率水平（83.7%→84.8%）。

(3) 财务困境公司的财务能力、公司治理、重组选择方式对其摘帽恢复产生较显著影响。

以财务困境公司被 ST 前一年的数据为依据进行实证研究发现：财务困境公司恢复主要受到公司财务能力中盈利能力的影响以及公司治理中股权结构特征的影响，盈利能力越强，越有利于公司恢复，股权集中度越高，越容易获得大股东支持而使 ST 公司成功摘帽。控股股东性质与高管规模也对公司恢复产生积极影响，高管变更与财务困境恢复之间不存在显著联系。重组选择方式中的控制权转移的放弃式重组、支持性重组中的资产剥离与资产置换对财务困境恢复具有积极作用，而兼并收购、债务重组、非控制权转移的股权转让则不利于困境公司的恢复。在以上分析基础上，引入动态重组样本，以困境中 ST 公司的动态数据为依据进行实证研究后发现：盈利能力依然是影响困境恢复的首要财务因素，而偿债能力和发展能力对处于困境中的 ST 公司的摘帽也具有正向积极作用。公司治理中，股权集中度、控股股东性质与高管规模对困境恢复有较好的效果，董事会的积极作为也会对困境公司的恢复产生有利的促进。作为公司治理质量衡量指标之一的股权制衡度与困境恢复负相关，高管变更对财务困境恢复依然不产生显著影响。重组选择中，控制权转移的放弃式重组、资产置换、资产剥离、兼并收购（转移后）对困境中的 ST 公司的摘帽有积极的作用，内部重整、债务重组、不涉及控股股东变更的股权转让则不具有相应效果。

(4) 内部控制质量提升对财务困境公司的恢复产生积极影响。

内部控制总体质量水平对 ST 公司的财务困境恢复具有显著的积极作用。内部控制中的控制环境、风险评估、控制活动、来自公司内部的监督相较于信息与沟通和外部监督更有利于帮助财务困境公司恢复。

对已摘帽 ST 公司而言，内部控制质量对其是否"再次被 ST"具有反向作用。即内部控制质量高的摘帽 ST 其恢复属于真正摆脱困境，而内部控制质量低的摘帽 ST 公司其恢复属于假恢复，因为这些公司再次陷入财务困境的可能性大大增加。

7.2 政策建议

7.2.1 对困境公司及其控股股东的建议

（1）分析财务困境形成原因，明确重组目的，确定重组行为选择方式。财务困境公司及其控股股东在公司面临困境时，应对困境形成原因进行深挖分析，评估公司运营状况、困境程度以及自我脱困能力，制定合理可行的脱困战略；控股股东针对上市公司困境应明确重组动机，选择合适的重组行为方式。当公司困境程度较低，可以采取自我重整或支持性重组，当公司困境程度较高，可以考虑放弃控制权，为困境公司引入新股东，尽可能减少利益相关者损失。

（2）针对困境公司进行紧急支持过程中，在不影响相关中小股东利益前提下，尽可能采取有利于困境公司恢复的资产置换方式，以助其渡过难关。对于兼并收购、债务重组等对财务困境恢复不发挥积极作用的行为方式，则谨慎决策。

（3）考虑设立专用恢复基金。很多上市公司在困境中都获得相应的政府补贴，可以考虑将该部分作为专用基金，也可涵盖支持性重组收益部分，专门用于财务困境公司的扭转恢复，并在相关公告中披露详细的扭转计划和资金使用情况，提高上市公司对困境扭转和恢复的重视程度。

（4）建立高管考核和变更机制，使高管薪酬、高管股权激励尽快与公司业绩挂钩，保证高管人员在财务困境恢复中的作用与效果。

（5）以财务困境恢复为契机，以重组为手段，加强内部管理，提升内部控制质量和公司管理水平，促进财务困境公司的尽快恢复。

7.2.2 对投资者的建议

建议投资者在资本市场上不要盲目跟进，应分析财务困境公司的业绩基础、行为则选择情况、公司治理状况、财务能力、内部控制水平等方面，尽可能选择具有长期投资价值的公司股票。

7.2.1 对政府监管机构建议

（1）引导和规范上市公司的资产重组行为。既然 ST 公司在现实中频繁采取资产重组策略而成功摘帽，这种重组行为一方面需要加以引导，另一方面更需要进一步规范。在当前 IPO 上市制度框架之下，鼓励初创的、新兴业态的、新商业模式的企业通过重组方式进入资本市场并为其提供便利，推进市场化的、竞争性重组机制的建立，规范上市公司重组程序，提高资产重组效率，为财务困境公司的长久发展提供保障。

（2）适当降低上市门槛。我国证券市场现有 IPO 制度比较严格，很多新兴企业由于规模和持续盈利能力不足，不能进入主板市场。于是，从 ST 公司入手买壳上市成为这些公司惯用的手法。虽然成功上市，但加大了上市成本。这种成本在后期可能会通过上市公司的特定行为而转嫁给中小投资者，不利于证券市场的规范运行和中小股东利益保护。建议 IPO 审核从持续盈利和募投可行性向披露信息完整真实和齐备性适当倾斜，尤其是对知识和技术创新型企业，可以通过针对性制度安排降低其上市门槛，使"壳资源"不再珍稀。

（3）加强公司治理。可以考虑从以下三个方面着手：

①发挥董事会、独立董事作用。董事会是公司治理结构的重要组成部分。然而，我国证券市场上，董事会对公司效率的提升作用并未得到证实。董事会规模及独立董事在公司困境恢复及其恢复后的业绩优化提升中也未能发挥其应有的影响。上市公司董事会与独立董事设置更偏重于符合政策要求而不是发挥其治理效果。因此，推进董事会尤其是独立董事在公司治理中的作用和影响，目前仍是公司治理改革的重要内容。

②培养股权制衡机制。股权集中和控制权掠夺是上市公司在"正常"状态下普遍存在的问题。尽管对于财务困境公司，控制权的掠夺转为支持，但这种支持具有明显的逆向动机。即财务困境公司摘帽恢复步入正常之后，控股股东的掠夺和利益侵占又随之而来。建议在股权分置改革基础上，继续简化国有股减持审批程序，引进战略投资者，为大宗股份转让提供专门的市场和相关服务，培育多元化股权制衡机制，以形成对控股股东掠夺行为的制衡。

③构建公司治理指数。上市公司的公司治理程度尚没有一个公认的评价标准和评价体系，而公司治理作用的发挥也缺乏统一的度量。建议针对我国上市公司的实际情况，分析发挥真正治理作用的因素，构建综合公司治理指数，评价、衡量公司治理状况及其效果，促进上市公司整体治理水平的提高。甚至在 ST 公司摘帽条件设置中，考虑增加必要的公司治理条件，保证其摘帽之后的

治理效率。

（4）继续加强内部控制建设和完善内部控制评价体系。我国自上个世纪 90 年代启动内部控制建设以来，至今已取得很大进展。上市公司的内部控制水平呈逐年提升的趋势。但是，在 ST 公司中由于各种原因，其内部控制总评均值显著低于非 ST 股上市公司。因此，有必要通过政策引导，促使 ST 公司完善内部环境，提升风险意识和风险管理能力，加强内部监督从而从整体上提高内部控制质量，促使其尽快摘帽并摆脱困境；同时，鉴于公认的内部控制评价体系尚未建立，有关部门可以通过对上市公司内部控制信息披露格式进行规范，完善内控披露评价体系，逐步引导 ST 公司通过内部控制鉴证和披露发现问题，从而有步骤、分环节去实施内部控制完善计划。

7.3 主要贡献

（1）本书理顺了我国现有财务困境研究文献的分类关系，构建以事前预警研究、事中自身研究和事后恢复性研究为支撑的我国财务困境研究体系，界定了我国财务困境研究的三类九层，即事前、事中、事后及其所属的起点基础研究，中间支撑研究和总结拔高性研究；探讨了未来不同层次学者应关注的领域，并确定了本书的研究方向。

（2）在财务困境恢复预测中全面考虑财务与公司治理因素，并以此为基础引入重组选择指标，分别以静态样本与动态样本构建恢复预测模型，提高财务困境恢复预测的准确率及模型拟合优度水平，为投资者、债权人、公司管理者等相关利益群体的决策提供支持。

（3）研究财务困境公司的内部控制质量提升及其影响，探讨多次陷入财务困境的内部控制根源，为证券市场反复被 ST 公司的现实提供财务困境公司的内部控制建设提供依据。

7.4 研究局限及后续研究方向

7.4.1 研究局限

（1）本书以 2003—2011 年被 ST 或 *ST 公司为研究样本，因为所研究问题为财务困境恢复，必须预留三年恢复期间，这样导致最近三年的 ST 和 *ST

公司不被包括在内，时间上有所滞后。

（2）由于内部重组公司数量过少，在静态样本恢复预测模型研究中将内部重组公司样本去掉，导致财务困境恢复预测的样本不全。不过，在动态样本恢复预测研究中该问题被得以解决。

（3）动态样本的恢复预测研究中，摘帽公司样本数量偏少、比例偏低，可能会对相应预测模型的准确率产生影响，但不影响最终的实证结果。

7.4.2 后续研究方向

财务困境恢复在我国还是一个比较新的研究角度，相关文献较少，需要后续多方位、多角度的思考。退市新规出台之后的效果与影响如何，它们对财务困境公司的恢复及其恢复后的绩效水平会产生何种影响，与先前的制度规范相比较，是否提升了证券市场的效率和保护了投资者的合法权益。上市公司的公开信息对困境预警及自身的研究十分有用，这些信息对财务困境恢复的研究是否具有相同价值？从2009年《内部控制基本规范》实施到2012年《内部控制指引》的执行，不同的内部控制构建和披露水平是否影响困境公司的恢复？基于以往财务困境预警的各种指标，在困境恢复功效上如何？这些指标中尤其是非财务指标应基于何种角度进行相应拓展？同时，财务困境恢复公司的投资价值与投资风险到底如何有效地计量，这些都将是未来针对财务困境恢复研究的新方向。

附录1 我国财务困境公司重组行为选择案例

案例1 ST 力阳资产重组解析

力诺集团（以下简称"ST 力阳 600885"），是一家以生产太阳能光热转化材料、光伏发电材料及其系统产品为主的公司。为了摆脱公司困境，公司于 2011 年 10 月公告《重大资产置换及发行股份购买资产暨关联交易预案》，截至目前，这已经是公司第三次进行资产重组。

在分析本次资产重组之前，本书首先简单介绍 ST 力阳的发展历程及其前面两次资产重组的情况；在此基础上阐述本次公司资产重组的原因、具体方案；最后就公司的资产重组的绩效进行了评价并提出了一些思考。

一、公司概况及其重组历程

（一）公司概况

力诺集团成立于 1994 年，从一台玻璃窑炉、两条玻璃生产线和单一药用包装瓶起步，经过 19 年的稳健发展，现已成为国内外知名的国际化集团公司，太阳能行业的领军企业，中国制造业 500 强企业之一。现有职工 1 万余名，在实施兼并重组过程中，先后培训安置各地国企职工 6000 余名。从创业至今，主要经济指标——资产规模、销售收入和实现利税比建厂初期分别增长了 16 000 倍、1000 倍和 600 倍。旗下拥有五个产业集团，分别是力诺太阳、力诺瑞特、力诺电力、宏济堂制药和双虎集团，形成太阳能和药业两个优势集群。

（二）重组历程

（1）第一次重组——力诺集团"借壳上市"

2001 年，对于力诺集团注定是不平凡的一年。这年 3 月，山东三力工业集团有限公司进行名称变更，由山东三力变更为山东力诺集团有限责任公司。7月11日，上市公司双虎涂料（时名，即600885.SH）公告称，山东力诺集团通过股权转让成为公司第二大股东（占总股本7.19%）。7月21日，再度增持，通过力诺新材料成为双虎涂料的第一大股东。11月28日，"双虎涂料"正式更名为"力诺工业"，此举标志力诺集团拥有了第一个上市公司。2001年公司实施资本运作战略，成功控股武汉双虎涂料，经资产重组后更名为力诺工业，正式在沪市挂牌交易。

此后，公司进行了一系列规模扩张计划。2002年10月8日，力诺入主百年宏济堂，中华百年老字号开始了新的发展时期。2003年5月9日，力诺集团与市化医公司签订协议，整合济南五县区医药公司，正式介入医药商业流通领域。2005年7月2日，中共中央政治局常委、全国人大常委会委员长吴邦国等中央首长视察力诺集团。听取力诺集团工作汇报，察看力诺产品，鼓励力诺加快发展。2007年3月29日，国家建设部正式批文同意力诺瑞特为国家住宅产业化基地，这是我国太阳能行业内第一个且唯一一个国家住宅产业化基地。2008年5月9日，中共中央政治局常委、中央书记处书记、国家副主席习近平在山东省济南市主要领导陪同下来到力诺集团视察工作，在力诺瑞特，习近平等领导考察了生产流程，与员工亲切交谈，还同力诺干部员工代表合影留念。力诺集团由规模扩张阶段走向夯实管理阶段。

（2）第二次重组——公司实际控制人失踪，重组失败

2008年9月4日力诺太阳公布的定向增发方案显示，公司拟向控股股东力诺集团及其两家控股子公司发行股份，购买其拥有的太阳能热利用终端产业及配套于光热产业的相关资产、太阳能集热管相关资产、太阳能玻璃新材料等12亿元的相关资产。该方案通过股东大会批准并于9月7日上报证监会。

2008年10月8日中国证监会的下发《行政许可项目审查反馈意见通知书》，要求公司在30个工作日内就中国证监会审核申报材料过程中所提相关问题提交书面回复意见。在收到反馈意见后，公司积极与监管部门、政府部门以及重组方进行了汇报、沟通。在解决补充材料存在的问题时，需要得到力诺集团股份有限公司的回复，然而中途发生突变。公司实际控制人高元坤竟然失踪，无法联系得上。高元坤是力诺集团法定代表人，持有集团55%股权。由于联系不到公司实际控制人，公司不能提交回复《行政许可项目审查反馈意见通知书》的书面报告，致使重组工作不能在有效期内完成。鉴于公司2008年第一次临时股东大会决议的期限为一年，现有效期限已满，因此此次重大资产重组事项自行终止。

本次重组失败，直接导致了公司的稳健性发展。

二、资产重组分析

1. 背景分析

（1）主营业务或主导产品缺乏竞争力

ST 力阳是力诺集团唯一的上市公司，从 2001 年上市，到 2005 年总算成为控股股东。ST 力阳总股本 1.53 亿股，全部为流通股，盘子非常小。控股股东为山东的力诺集团（间接控制山东力诺新材料有限公司，力诺集团分别由高元坤及另外两位法人共 100% 控股），现直接控股约 15%（半年内减持约 10%），主营为电热产品的制造（75%）及涂料产品（25%）。所在行业属于新能源的太阳能概念，属国家重点扶持行业。力阳现持有的就是部分力诺太阳及双虎集团的资产，而力诺电力做的是光伏产业，类似海润光伏。力诺瑞特是力诺集团与外商合资的企业，主营包括光力诺太阳和力诺电力中的光热与光伏。

由表 1 和图 1 可以看出，ST 力阳 2010 年的营业主营业务收入中，高硼硅业务收入占到了 91%，然而毛利率却最低，仅有 10.85%，盈利能力最高的矿石原料销售的比重也仅占到 7%。太阳能及其相关产业无论从业务规模上还是盈利能力上都不占优势。可见，公司主营业务产品过于单一，高硼硅太阳能管仅是太阳能光热产业链的一个初级环节，且目前市场竞争激烈，产品盈利水平较低。主营业务或主导产品缺乏竞争力，资产盈利质量差。

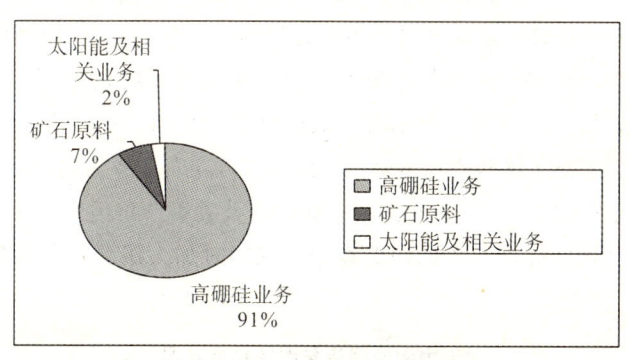

图 1　2010 年 ST 力阳主营业务及其所占比重

表 1　　　　2010 年 12 月 31 日 ST 力阳主营业务收入及毛利率

项目	主营业务收入（元）	比重	毛利率
高硼硅业务	458 856 000	91%	10.85%

表1（续）

项目	主营业务收入（元）	比重	毛利率
矿石原料	34 883 600	7%	44.38%
太阳能及相关业务	11 993 400	2%	17.33%

（2）盈利质量不高，财务风险过大

根据ST力阳2008年和2009年公司年度报表公告，由于公司2008年、2009年连续两年经营亏损，自2010年4月12日起公司股票被实行退市风险警示特别处理，公司经营陷入了困境。从盈利质量看，公司近五年不管是净利润指标还是现金流量指标都不稳定。2007年年报虽然净利润表示盈利，但公司现金流却为负值，2008年和2009年连续两年公司净利润为负值，且公司2009年现金流也为负值，这都表明公司盈利质量不高。公司资产报酬率从2007—2009年呈逐年递减状态，且在2009年达到了最低点-21.97%。

根据ST力阳2010年年度报告、2011年半年报告分析，ST力阳目前的主营业务高硼硅玻璃管，资产质量一般，盈利能力较弱，抗风险能力较低；且采购关联交易金额规模较大。2011年上半年ST力阳净利润亏损2 808.82万元，与去年同期相比下滑954.32%，公司净资产从去年年末的1.57亿元变为负值。

此外，从公司资产负债率看，该公司财务风险逐年加大。2007年资产负债率为78.27%，2008年上升到84.95%，到了2009年公司资产负债率达到了100.96%，表明公司财务风险到了不能忍受地步。公司一方面财务风险加大，一方面盈利能力下降，公司处于被实行退市风险警示特别处理，面临退市风险。为了扭转局势，公司不得不再一次进行资产重组。2011年初公司完成重大资产重组，置出了涂料类业务资产，同时置入主营业务为高硼硅玻管的山东力诺光热科技有限公司100%股权。虽然通过重大资产重组解决了公司与控股股东在生产高硼硅玻管业务的同业竞争，但同时加大了公司与关联方的关联交易。

表2　　　　　　ST力阳公司近年财务指标状况

日期	净利润（元）	现金流量（元）	总资产报酬率	资产负债率
2007年12月31日	2 932 450	-7 044 405	0.40%	78.27%
2008年12月31日	-54 766 847	13 965 245	-7.12%	84.95%
2009年12月31日	-122 008 534	-47 055 655	-21.97%	100.96%

表2(续)

日期	净利润（元）	现金流量（元）	总资产报酬率	资产负债率
2010年12月31日	4 292 337	-8 687 477	0.54%	77.63%
2011年12月31日	-12 112 143	3 324 388	-1.79%	86.17%

(3) 股票市场反映疲软，投资者失去信心

公司股价现在约6元，相当于2008年12月的低位，主要原因是披星及公布二次重组的负面报道，股价一个月内从12.55腰斩到7.63。换手率方面2009年第四季度304%，2010年前五个月达到314%，其中3月两个交易日与4月全月为股价快速启动及下跌期间，换手率达207%。股东户数方面如下，经历了2010年第一季度的下跌又小幅度拉升，股东数反而增加了不少，而作为一个全流通股，户均持股实在少得可怜。

(4) 继电器行业发展前景良好

本次交易拟置入资产为厦门宏发75.01%股权，厦门宏发拥有几十年的继电器研发和制造经验，是中国继电器行业的龙头企业，也是全球主要的继电器生产销售厂商之一。目前全球排名第四，国内排名第一，综合经济效益位居国内同行业之首。2009年营业收入12.62亿元，净利润0.98亿元；2010年实现营业收入23.4亿元，净利润2.15亿元；2011年1-7月营业收入18亿元，净利润2.11亿元，在市场竞争中已处在领先位置。

此时，留给ST力阳的不再是坐以待毙，而是主动出击，为了保住上市公司的壳资源，不得不第三次利用资产重组扭转局势。2011年10月14日，公司拟以截至评估基准日合法拥有的全部资产和负债，与有格投资、联发集团、江西省电子集团所合计持有的厦门宏发75.01%股权进行置换。本次重大资产重组完成后，其主营业务将由高硼硅玻璃管的生产和销售转变为继电器的生产与销售。

(二) 公司资产重组的具体方案

(1) ST力阳实施重大资产置换

公司以截至评估基准日合法拥有的全部资产和负债与有格投资、联发集团、江西省电子集团所合计持有厦门宏发75.01%的股权进行置换。

(2) 公司拟置入资产与拟置出资产之间的差额，由公司向有格投资、联发集团、江西省电子集团以非公开发行股份的方式支付。

有格投资、联发集团、江西省电子集团将按各自在拟置入资产中的比例承

接置出资产，各自以置入资产与承接置出资产的差额认购上市公司非公开发行的股份。

（3）拟置出资产的后续安排

有格投资、联发集团、江西省电子集团承接拟置出资产后，将以拟置出资产评估值的价格转让给力诺玻璃并且由公司直接过户给力诺玻璃，由此引发的一切税费由力诺玻璃承担。本次重大资产重组完成后，公司主营业务将由高硼硅玻璃管的生产销售转变为继电器的生产与销售。

（三）公司资产重组的绩效评价

1. 资产重组对公司本身的影响

（1）将改善公司目前的财务状况。

ST力阳自2009年起即出现了净资产为负的财务状况，负债高于资产，致使公司偿债压力巨大，2009年和2010年资产负债率分别达100.96%、77.63%。同时，置入资产厦门宏发的资产负债率则保持在55.72%（2009年）、56.21%（2010年），属于正常范围。资产置换将改善ST力阳的资本结构。

（2）将突出主营业务，提升公司的盈利能力。

公司目前出现连续负利润，导致被实行退市风险警示特别处理，主要原因在于主营业务的盈利能力较弱，主营业务竞争力不强，毛利率过低，进而严重影响了公司的持续经营能力。通过本次重大资产重组，公司将置出现有盈利能力较弱的业务资产，同时置入盈利能力较强且具有可持续发展能力的优质继电器行业资产，有利于恢复上市公司的持续经营能力。见表2。

而继电器行业属于我国目前鼓励发展的行业，具有良好的发展前景，厦门宏发也一直是继电器行业中的领军企业。根据厦门宏发未来五年的整体规划，公司的营业收入及利润年平均增长率预计达10%左右，即到2015年，公司营业收入预计达50亿元，预计净利润4亿元。

（3）将利于公司股价的上涨，提升公司市值。

为了拿出重组方案，ST力阳自2011年7月21日起连续停牌近三个月，于2011年10月14日起复牌，同时公告了《重大资产置换及非公开发行股份购买资产协议》与《重大资产置换及发行股份购买资产暨关联交易预案》。鉴于厦门宏发仅今年上半年就实现1.95亿元的净利润，若其借壳成功，ST力阳股价或将迎来大幅上涨。

根据ST力阳2011年10月19日公布的《ST力阳：股票交易异常波动公告》了解到，截至2011年10月18日，武汉力诺太阳能集团股份有限公司股票连续三个交易日内收盘价格达到涨幅限制。截至 2011 年 10 月 20 日,公司股票连续上涨 7 日,5 日连续涨停,20 日开盘报 9.98 元,涨 5.05%。

2. 资产重组对股东权益的影响

(1) 对原公司控制股东的影响。

本次资产重组完成后,公司的控股股东将由力诺集团变更为有格投资,实际控制人由高元坤变更为以郭满金为核心的 22 名一致行动人,力诺太阳也不再是力诺集团的二级集团。

(2) 对未来控股股东有格投资、联发集团、江西省电子集团的影响。

本次资产重组完成后,意味着厦门宏发(除股东联创光电外)的其他所有股东所持股份都实现了上市流通。厦门宏发将以此"借壳"上市。

(3) 对中小股东的影响。

和 ST 力阳以往的资产置换交易一样,本次资产重组仍然是公司一手操办,而中小股东只能被动接受安排。同时,本次交易中预估值基准日为 2011 年 7 月 31 日,拟置出资产的预估值约为 0 万元,而公司拟置入资产与拟置出资产之间的差额,由公司以非公开发行股份的方式支付。毫无疑问,这将严重稀释原有股东的股份,甚至使他们失去原有的话语权,也将承担置出资产对公司造成的无形损失。总之,上市公司退市的风险部分转移到了中小股东的身上,中小股东又将成为资产置换交易中的重大受害者。

参考文献:

[1] 徐温馨. ST 力阳资产重组案例解析. 会计之友,2012,9.

[2] 中国证券网. ST 力阳重大资产重组获中国证监会核准. http://www.cnstock.com/roll/201207/2148108.htm

案例 2 ST 嘉瑞资产重组分析

一、公司基本情况

1. 公司简介

*ST 嘉瑞全称是湖南嘉瑞新材料集团股份有限公司,于 2000 年 9 月 6 日在深交所上市。上市时公司名为湖南安塑股份有限公司,股票简称"安塑股份";后于 2004 年 6 月 11 日更名为"嘉瑞新材";2006 年 4 月 13 日被深交所

暂停上市，股票简称＊ST 嘉瑞（文中"本公司"指＊ST 嘉瑞）。

公司始建于 1966 年，本名为黔阳县塑料一厂，属集体所有制企业。1986 年与黔阳县塑料二厂合并为黔阳县塑料厂，1990 年更名为湖南安江塑料厂。经过二十多年的发展，安江塑料厂拥有一条从日本引进的 PVC 压延革生产线，年产量 800 万平方米；一条涂刮法人造革生产线，年产量 400 万平方米。产品主要有 PVC 服装革、沙发革、鞋面革、箱包革、汽车坐垫革等十大类千余个品种。

1994 年 6 月 9 日，湖南省体改委湘体改字［1994］51 号文批准湖南安江塑料厂进行股份制改组，湖南安江塑料厂遂在部分改组的基础上，联合黔阳县汽车配件厂、黔阳县电石厂共同发起，并吸收其他社会法人和内部职工参股，以定向募集方式设立湖南中圆塑料制品股份有限公司。设立时公司总股本 4500 万股，第一大股东湖南安江塑料厂集体资产管理委员会，持有 3380 万股。1996 年 3 月 28 日，经怀化地区体改委怀地体改字［1996］16 号文批复同意，湖南中圆塑料制品股份有限公司第一大股东湖南安江塑料厂集体资产管理委员会，将其持有本公司股份 3380 万股中的 801 万股，与以 1996 年 2 月 28 日为基准日，经评估确认界定由芷江塑料厂集体资产管理委员会、芷江县国资局、芷江县二轻集体工业联社三方共同拥有的芷江塑料厂净资产 954.67 万元进行股权资产置换。1996 年 4 月 3 日，湖南安江塑料厂集体资产管理委员会将其所拥有的芷江塑料厂整体转让给湖南中圆塑料制品股份有限公司。1997 年 1 月，公司以芷江塑料厂经营性净资产作为出资，芷江县二轻联社以现金作为出资，共同组建了湖南海天塑胶有限公司，该公司注册资本 803 万元，湖南中圆塑料制品股份有限公司拥有 99.75%的股权。1997 年 4 月，湖南中圆塑料制品股份有限公司收购了破产企业长沙塑料三厂的全部破产财产，并于 1997 年 4 月 25 日将其重新注册登记为长沙安塑塑料制品厂，使之成为湖南中圆塑料制品股份有限公司全资附属企业。1997 年 6 月，湖南省证监会以湘证监字［1997］90 号文确认了湖南中圆塑料制品股份有限公司股本结构及公司总股本为 4500 万股。

2000 年 8 月 19 日湖南安塑股份有限公司总股本增加到 9650 万股，于 2000 年 9 月 6 日在深交所上市，股票简称"安塑股份"。2001 年 6 月 6 日，安塑股份原第一大股东原湖南安江塑料厂集体资产管理委员会将其全部持有的公司股份转让给洪江大有，洪江大有成为安塑股份第一大股东。2002 年，湖南安塑股份有限公司收购长沙振升铝材公司。2004 年 6 月 11 日公司更名为湖南嘉瑞新材料集团股份有限公司，股票简称"嘉瑞新材"。由于公司 2003、

2004、2005 年连续三年亏损，于 2006 年 4 月 13 日被深交所暂停上市。嘉瑞新材于 2007 年 2 月 13 日完成股权分置改革，股改后公司股本总数 118 935 730 股。2007 年 2 月 27 日，公司向深交所提出恢复上市申请，2007 年 3 月 5 日，深交所正式受理了公司申请。2009 年 *ST 嘉瑞欲与北京天润置地房地产开发集团有限公司进行重大资产重组，因迟迟未被批准，后主动撤销申请。

*ST 嘉瑞此次重组前的业务经营范围有 PU 人造革、PVC 人造革、PVC 板材、农用塑料、工程塑料、建材塑料的生产和销售；铝锭、民用建筑铝型材和工业型材、配件生产、门窗幕墙工程设计制作安装、建筑机械成套设备生产与销售，系湖南省政府确定的湖南省 20 家重点企业集团之一，是我国人造革行业龙头企业，全国铝型材十强企业和国内人造革行业唯一的上市公司。

2. 股本结构

表 1 反映了 ST 嘉瑞公司 2010 年股东持股情况，可以看出，公司股数为 118 935 730 股，其中非流通股股数为 55 000 000，占比 46.24%，流通股股数 63 935 730，占比 53.76%。公司股权结构较为集中，在前十名非流通股股东中，第一大股东洪江市大有有限责任公司持股比例占到 14.97%，公司股权结构有待进一步优化。

表 1　　2010 年 12 月 31 日 *ST 嘉瑞公司股东持股的情况

股东名称	持股数	持股比例（%）	股份性质
一、非流通股	55 000 000	46.24	
1. 洪江市大有有限公司	17 809 000	14.97	法人股
2. 上海景贤投资有限公司	11 246 000	9.46	法人股
3. 深圳孚威创业有限公司	11 000 000	9.25	法人股
4. 深圳鼎丰达投资发展有限公司	7 800 000	6.56	法人股
5. 上海恒达通汇投资管理有限公司	1 500 000	1.26	法人股
6. 上海恒达通汇投资管理有限公司	1 200 000	1.01	法人股
7. 湖南省兴坤投资有限公司	1 093 740	0.92	法人股
8. 湖南省洪江市财政局	990 000	0.83	法人股
9. 湖南日升物资贸易有限公司	792 260	0.67	法人股
10. 其他非流通股股东	1 569 000	1.31	法人股
二、流通股股东	63 935 730	53.76	流通股
合计	118 935 730	100.00	

二、重组背景分析

表1反映了嘉瑞公司2003—2006年的主要财务指标。可以看出，公司因2003年、2004年、2005年三年连续亏损而被＊ST以来，经营步履维艰，尤其是2006年，只有该年实现盈利，公司才有申请恢复上市的机会，否则，将面临退市风险。

1. 对外提供巨额担保

从表2中可以看到，预计负债是引起亏损的一个主要原因。预计负债包括对外提供担保、未决诉讼、产品质量保证、重组义务以及固定资产和矿区权益弃置义务等。本公司自2002年开始对外提供巨额担保，并为之付出惨重代价。以下是2003—2005年的几项重大担保。

表2　　　　　　　　2003—2005年的几项重大担保

担保对象	担保金额	2003—2005年累计	计提担保损失
湖南国光瓷业集团股份有限公司	2003年8400万元；2004年6000万元。	担保14 362.00万元	100%
湖南振升铝材有限公司	2003年3150万元；2004年990万元。	担保3550万元	100%
上海鸿仪投资发展有限公司	2003年7713万元；2004年3630万元。	担保10 420万元	40%
上海国光瓷业有限公司	2003年4000万元；2004年1478万元。	担保8478万元	40%

截至2005年12月31日，公司担保总额为79 623.03万元，担保总额占公司净资产的比例为-151.38%，其中违规担保的情况为：为股东、实际控制人及其关联方提供担保的金额63 502.00万元，直接或间接为资产负债率超过70%的被担保对象提供的债务担保金额为31 646.00万元。担保总额超过净资产50%部分的金额为79 623.07万元。

2. 期间费用过高，管理水平低下

嘉瑞公司2003年的营业收入为169 068 429.74元，2004年的营业收入为357 692 840.39元，2005年的营业收入为360 874 421.13元，表明嘉瑞公司的主营业务盈利水平呈逐年增长状态，盈利能力并不差。然而与之对应的净利润却表现不尽如人意。2003—2005三年来，公司净利润都为负值，且呈逐年下降趋势，2005年更是亏损到最高-667 313 590.32元。从影响净利润的影响因素看，可以发现公司在这三年中的期间费用总额越来越大，呈逐年递增趋势，2003 年公司管理费用 30 307 679.55 元，但是到了 2005 年上升到 368 033 849.29 元，两年间管理费用上升 11 倍多，一方面表明公司管理者的管理能力低下，管理水平有待加强；另一方面表明公司内部控制无效。此外，另一期间费用——财务费用也是逐年恶化。财务费用激增表明公司每年用于偿还债务的利息逐年上升，公司财务风险加大。从公司的流动负债结构也可以看出，流动负债中占比最大的短期借款在 2003—2005 年呈逐年上升趋势，公司的盈利能力却是逐年恶化，如此一来，更加速了公司短期偿债能力的恶化，公司财务风险加大。为此公司一直在积极引进战略投资者，争取银行债权人和相关政府部门的支持，并且 2005 年公司还制定了详细的股东占用资金归还时间表，2006 年占用资金已全部归还。即便如此，公司经营前景还是不容乐观，一方面公司面临股改，另一方面公司控股的几家子公司的股权都被法院冻结，对外担保数额巨大，坏账损失严重，还有大量逾期贷款，公司若想翻身很难。

表 3 嘉瑞 2003—2006 年主要财务数据

财务指标	2006 年	2005 年	2004 年	2003 年
流动资产	138 265 786.67	371 074 390.52	762 241 196.76	537 799 189.00
其中：货币资金	5 433 152.66	4 395 334.45 6	204 962.15	174 082 204.84
应收账款	27 201 836.12	30 765 380.50	37 947 968.69	90 030 205.25
其他应收款	74 360 014.99	267 580 123.94	662 001 925.81	91 807 006.96
存 货	25 471 269.78	37 687 141.89	40 219 785.74	117 088 277.41
固定资产净额	210 092 037.29	292 054 775.92	371 315 855.32	401 549 222.10
无形资产	61 416 504.26	68 725 654.15	66 050 043.55	68 532 959.28
资产总计	605 450 798.82	759 945 413.62	1 200 154 383.99	1 152 962 667.90
流动负债	1 179 167 555.73	1 260 922 517.27	964 576 834.82	568 747 126.74
其中：短期借款	579 489 374.51	595 362 617.11	670 050 000.00	371 100 000.00
应付账款	22 773 473.78	41 285 907.98	39 077 396.59	50 065 329.34
预计负债	381 032 210.98	375 607 209.07	84 788 000.00	0.00
负债总计	1 213 612 555.73	1 284 822 517.27	1 013 592 472.65	569 747 676.95
股本	96 500 000.00	96 500 000.00	96 500 000.00	96 500 000.00
主营业务收入	339 627 276.13	360 874 421.13	357 692 840.39	169 068 429.74
管理费用	−24 379 463.92	368 033 849.29	164 851 838.75	30 307 679.55
财务费用	46 311 152.39	43 609 684.54	26 778 469.57	18 428 913.92

表3(续)

财务指标	2006年	2005年	2004年	2003年
营业利润	-1 965 287.86	-394 916 961.71	-206 764 332.85	24 726 949.84
营业外支出	62 082 979.61	304 251 728.03	112 318 085.29	196 173.05
净利润	14 058 447.69	-667 313 590.32	-294 515 960.38	-8 122 400.00
现金净流量	32 944 109.71	12 970 115.17	-83 597 400.51	-348 350 025.38

表4　　　　　　　　　嘉瑞2003—2006年主要财务数据

财务指标	2011年1-6月	2010年	2009年	2008年
流动资产	211 276 504.71	224 701 587.43	174 776 347.19	149 657 380.10
其中：货币资金	54 740 218.37	76 525 953.12	52 837 778.38	17 775 131.06
应收账款	24 806 146.59	21 473 242.05	24 849 030.53	21 768 609.82
其他应收款	50 619 682.82	66 038 613.79	55 911 517.33	87 389 013.02
存货	27 510 170.32	26 006 607.10	28 123 656.90	16 089 234.66
固定资产净额	41 144 752.40	40 823 627.78	107 059 394.13	118 010 700.94
无形资产	18 020 833.25	18 645 833.27	49 449 692.75	51 468 388.27
资产总计	283 923 522.98	297 489 769.20	352 121 467.04	352 635 346.28
流动负债	510 967 558.39	545 800 138.93	785 884 820.27	733 427 290.46
其中：短期借款	212 874 601.74	232 864 601.74	340 177 633.84	437 094 030.31
应付账款	16 168 725.38	16 027 225.36	19 802 817.56	18 636 445.97
预计负债	0.00	48 000 000.00	48 000 000.00	158 600 000.00
长期借款	0.00	0.00	0.00	34 345 000.00
负债总计	513 144 113.61	595 877 694.15	835 745 125.49	926 372 290.46
股本	118 935 730.00	118 935 730.00	118 935 730.00	118 935 730.00
营业收入	461 449 604.66	873 448 961.87	751 897 714.88	566 298 693.42
管理费用	18 142 976.71	35 493 751.78	33 137 439.49	37 759 860.70
财务费用	6 935 420.41	14 974 626.32	22 526 438.60	35 364 100.60
营业利润	5 321 739.41	108 781 028.38	-29 271 649.44	-161 165 814.17
营业外支出	275 357.40	1 941 318.98	3 347 316.21	4 870 253.15
利润总额	71 513 830.12	198 534 076.89	92 756 092.72	44 210 189.70
现金净流量	-9 275 765.54	-1 663 198.65	-4 297 116.79	12 496 144.21

3. 财务造假，公司陷入诚信危机

同时，嘉瑞新材于2007年被证监会查出2002年、2003年、2004年年报存在虚构主营业务收入、未如实披露实际控制人、大额对外担保、银行借款和多家大股东是关联方，凸显了公司管理层存在诚信问题，且经营管理无方，因此，对﹡ST嘉瑞出现的问题也无能为力；加之，本公司除了铝型材的主业还在勉强维持外，其余再无造血功能，所以，若要彻底解决本公司困难，保留上市资格，最佳途径就是引进战略投资者对公司进行资产重组，整合资源优势，继续发展。

4. 公司缺乏核心竞争力，固定资产投资逐年减少

核心竞争力是一个企业持续发展的最根本动力。然而，嘉瑞公司至2003年开始无形资产规模呈逐年减少状态，2011年上半年，公司无形资产规模已由2003年68 532 959.28元减少到18 020 833.25元。无形资产的多少在一定程度上衡量了企业的核心竞争能力的高低，无形资产规模越高，企业核心竞争力越强，反之相反。2001年公司自主成功开发研制了主导产品湿法PU透气服装革，在技术和工艺上处于世界领先水平，该项目还相继获得三项国家专利证书和国家新产品证书等。然而，公司虽研制开发了高技能生产设备，但由于弹性PU透气革工艺要求高，而公司目前只有小部分操作员工掌握了操作技能，人才短缺，远远不能满足生产所需，造成设备开工率低下，优质资源浪费。

在我国企业中无形资产投入不足是一个普遍现象，长期固定资产投入不足且呈逐年递减状态比较罕见，然而，嘉瑞公司却榜上有名。公司自2003年开始，财务状况一直处于恶性循环，公司向银行贷款以用来做募集资金项目使用，一方面公司要负担大额的贷款利息，另一方面募集资金使用未到位，项目回报无从谈起，资金投入根本无法收回；而公司又不得不维持生产经营，所以，又继续要向银行借款。同时，公司主营业务的销售并不乐观，有些产品毛利率会出现亏损状况，所以，公司不得不靠变卖固定资产（此外，计提固定资产折旧也会导致固定资产净额的减少）来保证净利润不为负。如此一来，公司财务状况陷入恶性循环，扩大化规模再生产和依靠无形资产增值都无法得到保障，严重影响了公司正常生产经营。

5. 政府的积极促成

在我国，公司与地方政府有着千丝万缕的关系，尤其是上市公司。上市公司一方面要追求企业效率，或者是利润最大化，另一方面又要完成地方政府强制摊派的社会性负担，包括稳定社会就业、职工福利、地方安全保障等。上市公司目前在我国也就3000多家，具体到各个省市就更少了，因此当上市公司处于危难之际，如何保住"上市"这个壳资源，出于自身利益最大化需求，当地政府通常会不惜代价挽救。湖南省政府为此次资产重组的积极促成起了很重

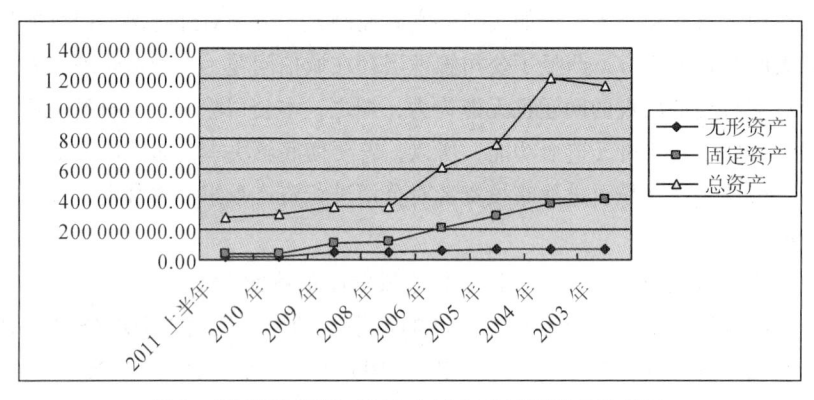

图1 ST嘉瑞2003—2011上半年公司资产结构状况

要的推动作用。资产重组的进行若没有政府的主导参与是无法完成的,之前就有ST公司因当地政府介入不允许外省公司进行并购而导致资产重组未果的结局。*ST嘉瑞自2005年以来就一直不断寻求外援,积极引进战略投资者,然而重组之路却曲折坎坷,紫薇地产和天润置地分别两度重组*ST嘉瑞失败,特别是2009年本公司就欲通过发行股份购买北京天润置地房地产开发集团有限公司100%股权,转身变为地产股。然而,因国家对于房地产宏观调控而暂缓受理房地产开发企业重组申请,最后在双方友好协商下终止了该次重大资产重组。这说明政府一直积极支持本公司重组,寻求发展出路,只是因政策变化而事与愿违。

三、*ST嘉瑞重组方案

1. 主要重组参与方介绍

(1) 华数传媒股份

华数数字电视传媒集团有限公司成立于2003年,注册资本是89 808.5592万元,注册地和总部在杭州。主营业务是第二类增值电信业务中的信息服务业务,国家数字电视试验平台营运,有限广播电视网络服务,有限广播电视网络建设与维护管理,网络出租、广播电视节目传输、信息服务,数字电视业务、互联网业务等相关增值业务。2005年12月第一次增资,到2010年6月公司进行第五次增资,增资后注册资本增至89 808.5592万元。公司第一大股东是杭州文广投资控股有限公司(简称文广投资),出资额28 400.37万元,出资比例31.62%,主营业务是对外投资及管理。华数集团实际控制人是文广集团,文广集团是杭州市财政局下属事业单位。2008年利润总额为21 145 127.00元,

2009、2010年利润总额增长率为311.42%、10.88%。2008、2009、2010年净资产收益率分别为1.99%、9.90%、7.52%。

(2) 千禧龙

千禧龙成立于2011年4月11日，注册资本10 000万元，是湖南湘晖资产专为本次重组交易设立的子公司。湖南湘晖资产经营股份有限公司成立于2000年2月17日，主要经营业务为投资高科技产业、房地产业、运输仓储业等，销售政策允许的资产产品、对企业进行资产管理，提供投资策划咨询服务。目前注册资本为25 000万元。

2. *ST嘉瑞重组具体步骤

根据公告，本次重组将分三步走：

首先，湖南湘晖资产经营股份有限公司的全资子公司千禧龙出资2.8亿元购买*ST嘉瑞的资产并清偿上市公司债务，以将其清理为净壳。根据天健会计师事务所有限公司出具的天健审（2011）2-80号《审计报告》，截止2010年12月31日，嘉瑞新材总资产账面价值为16 392.69万元。根据国融兴华出具的国融兴华评报字［2011］062号《资产评估报告书》，嘉瑞新材截至评估基准日的总资产评估价值为人民币17 915.62万元，其中货币资金评估值为2089.61万元、其他应收款评估值11 609.57万元、长期股权投资评估值3232.02万元、固定资产评估值984.40万元、负债评估值为42 656.03万元。据此，出售资产评估价值为15 826.01万元。本次拟出售资产定价16 000万元，千禧龙以现金支付出售资产转让价款。且因重大资产出售及债务清偿而实际需要嘉瑞新材承担并支付的税款最终由千禧龙承担，出售资产期间产生的收益归嘉瑞新材，但损失由千禧龙承担。嘉瑞新材收到的出售资产转让价款将直接用于清偿经嘉瑞新材、华数集团、千禧龙三方共同确认的上市公司债务。完成清偿后，公司将成为"无资产、无负债"的"净壳"。

其次，作为对价补偿，千禧龙通过增资和受让股权的方式持有华数传媒股份，从而成为本次上市公司发行股份购买资产的发行对象之一。根据《华数传媒评估报告》，截至购买资产评估基准日，华数传媒全部权益价值为170 618.00万元；2011年5月，千禧龙以250 000 000元认购华数传媒新增注册资本44 817 325元，华数传媒已于2011年5月30日完成工商变更登记，所以，购买资产转让价格为195 618万元（170 618万元+25 000万元）。嘉瑞要以新发行的股份支付购买资产的转让价款。

最后，*ST嘉瑞以2元/股的价格向千禧龙、华数集团等五方实施定向增发以购买华数传媒100%的股权，发行数量为9.78亿股。本次发行采用非公开发行方式，发行对象为华数集团、千禧龙、二轻集团、东方星空、浙江发展等五方。华数集团在本次非公开发行中认购的嘉瑞新材股份在本次重大资产重组承诺的利润补偿期限届满前不得转让。若出现需要实施利润补偿的情形，则在利润补偿实施完毕前不得转让。千禧龙、二轻集团、东方星空、浙江发展等四方在本次非公开发行中认购的嘉瑞新材股份自本次发行结束之日起36个月内不得转让。

*ST嘉瑞重大资产出售及发行股份购买资产暨关联交易方案于2012年6月8日经中国证监会上市公司并购重组审核委员会2012年第15次会议审核通过。2012年8月2日，公司和华数数字电视传媒集团有限公司分别取得了中国证监会出具的《关于核准湖南嘉瑞新材料集团股份有限公司重大资产重组及向华数数字电视传媒集团有限公司等发行股份购买资产的批复》（证监许可［2012］1014号）和《关于核准华数数字电视传媒集团有限公司公告湖南嘉瑞新材料集团股份有限公司收购报告书并豁免其要约收购义务的批复》（证监许可［2012］1015号）。

四、*ST嘉瑞资产重组评价

1. 相关者利益得到保障

本次重组前，*ST嘉瑞公司的总股本为118 935 730股，洪江大有持股比例为14.97%，为第一大股东，鄢彩宏为实际控制人。本次重组交易完成后，嘉瑞公司总股本将变更为1 097 025 730股，华数集团将持有本公司595 674 536股，占总股本约54.30%，处于绝对控股地位，*ST嘉瑞公司的实际控制人将变更为杭州文化广播电视集团。

本次资产重组的顺利进行，归功于坚持兼顾债权人、职工、股东利益的原则。通过解决历史遗留问题，债权人利益得到了保障。根据《重大资产出售协议》安排，本次重组中，上市公司原来的职工安置将由千禧龙负责，因员工安置事项发生的相关费用也将由千禧龙负责处理及承担。2012年8月15日，上市公司按照相关法律规定，与公司当时在职员工一共18人签署了《解除劳动合同协议书》，千禧龙为此支付了补偿金和其他安置费用共计250.4万元。嘉瑞新材和千禧龙对上市公司原有职工的安置工作得到了妥善安排。

2. 解决历史遗留问题

*ST嘉瑞历史遗留问题较多，不仅有大额的对外担保、逾期借款要偿还，还有无盈利性的资产待出售等，公司经营缺乏综合竞争力和持续经营能力。通过资产重组，公司向千禧龙出售截至出售资产评估基准日的除货币资金外的全

部资产,并以出售获得的价款及公司留存货币资金清偿债务。在出售资产和债务清偿完成后,将使公司成为"无资产、无负债"的"净壳"。其后,公司将向华数传媒全体股东购买其所持华数传媒的全部股权,从而使公司的主营业务变更为"全国新媒体业务和杭州地区有线电视网络业务"。此次资产重组将彻底解决历史遗留问题,并通过新注入的资产恢复上市公司的持续盈利能力,从根本上提高公司的资产质量和盈利能力,提升公司的核心竞争力,为公司长期、可持续发展奠定坚实的基础。

参考文献

[1] 杜婧婧. *ST 嘉瑞资产重组研究 [D]. 长沙:湖南大学,2012.

[2] 东方财富网. *ST 嘉瑞:关于重大资产重组实施事项的公告 [OL]. http://data.eastmoney.com/notice/20120921/mUopT.html.

[3] 和讯网. *ST 嘉瑞:关于重大资产重组实施事项的公告 [OL]. http://stock.hexun.com/2012-08-13/144704017.html.

附录2 样本公司情况

第4章：2003—2008年被ST公司样本244家

序号	证券代码	实施日期	变动前简称	变动后简称	变动原因
1	000004	2006-04-21	国农科技	*ST 国农	两年亏损
2	000005	2003-04-16	世纪星源	*ST 星源	两年亏损
3	000007	2007-04-23	深达声A	ST 达声	权益缩水
4	000008	2007-03-30	宝利来	*ST 宝投	两年亏损
5	000010	2006-05-09	深华新	*ST 华新	两年亏损
6	000011	2008-04-16	S深物业A	S*ST 物业	两年亏损
7	000020	2004-04-27	深华发A	ST 华发A	资产缩水
8	000034	2005-05-10	深信泰丰	ST 深泰	权益缩水
9	000035	2005-07-01	中科健A	*ST 科健	信息披露违规
10	000038	2006-05-09	深大通A	*ST 大通	两年亏损
11	000040	2003-04-18	深鸿基A	ST 鸿基	两年亏损
12	000048	2007-04-26	康达尔A	*ST 康达	两年亏损（调整）
13	000049	2004-02-11	深万山A	ST 万山	权益缩水
14	000058	2007-04-27	深赛格	*ST 赛格	两年亏损
15	000100	2007-05-08	TCL集团	*ST TCL	两年亏损
16	000150	2007-04-04	S光电	S*ST 光电	两年亏损
17	000156	2005-03-22	嘉瑞新材	*ST 嘉瑞	两年亏损（调整）
18	000403	2006-05-09	三九生化	*ST 生化	两年亏损
19	000408	2006-05-09	玉源控股	*ST 玉源	两年亏损

续表

序号	证券代码	实施日期	变动前简称	变动后简称	变动原因
20	000409	2003-04-01	四通高科	ST 四通	两年亏损
21	000413	2007-04-11	宝石 A	*ST 宝石 A	两年亏损
22	000418	2003-04-30	小天鹅 A	ST 天鹅 A	两年亏损（调整）
23	000430	2007-03-12	S 张家界	S*ST 张股	两年亏损
24	000506	2006-05-09	东泰控股	*ST 东泰	两年亏损
25	000509	2006-03-21	同人华塑	*ST 华塑	两年亏损
26	000517	2006-01-05	甬成功	*ST 成功	信息披露违规
27	000529	2003-04-22	粤美雅	ST 美雅	两年亏损
28	000537	2004-05-10	南开戈德	*ST 戈德	两年亏损
29	000540	2006-04-25	世纪中天	*ST 中天	两年亏损
30	000552	2004-04-30	长风特电	*ST 长风	两年亏损
31	000555	2003-04-17	太光电信	ST 太光	资产缩水，两年亏损
32	000561	2003-04-17	陕长岭 A	*ST 长岭	两年亏损
33	000569	2007-04-17	长城股份	*ST 长钢	两年亏损
34	000570	2003-04-11	苏常柴 A	ST 常柴 A	两年亏损
35	000578	2006-05-09	数码网络	*ST 数码	两年亏损
36	000587	2004-04-26	光明家具	*ST 光明	两年亏损
37	000596	2005-07-01	古井贡 A	*ST 古井 A	两年亏损（调整）
38	000605	2007-04-30	四环药业	*ST 四环	两年亏损
39	000621	2003-04-29	比特科技	ST 比特	两年亏损
40	000622	2005-04-21	岳阳恒立	*ST 恒立	两年亏损（调整）
41	000628	2008-04-22	高新发展	*ST 高新	两年亏损
42	000631	2005-05-10	兰宝信息	*ST 兰宝	两年亏损
43	000632	2006-05-09	三木集团	*ST 三木	两年亏损（调整）

续表

序号	证券代码	实施日期	变动前简称	变动后简称	变动原因
44	000633	2006-04-26	合金投资	*ST 合金	两年亏损
45	000635	2003-04-15	民族化工	ST 民化	两年亏损
46	000650	2005-03-29	九江化纤	*ST 九化	两年亏损
47	000655	2006-05-09	华光陶瓷	*ST 华陶	两年亏损
48	000657	2008-04-24	中钨高新	*ST 中钨	两年亏损
49	000660	2003-05-12	南华西	*ST 南华	两年亏损,资产缩水
50	000672	2006-05-08	铜城集团	*ST 铜城	两年亏损
51	000673	2007-04-05	大同水泥	*ST 大水	两年亏损
52	000681	2007-05-08	远东股份	ST 远东	审计否定
53	000683	2005-04-25	天然碱	*ST 天然	两年亏损
54	000688	2006-05-29	朝华集团	*ST 朝华	两年亏损
55	000691	2004-04-29	寰岛实业	ST 寰岛	两年亏损
56	000692	2007-04-17	惠天热电	*ST 惠天	两年亏损
57	000693	2006-05-09	聚友网络	*ST 聚友	两年亏损
58	000695	2003-02-18	灯塔油漆	ST 灯塔	两年亏损
59	000710	2003-03-18	天兴仪表	ST 天仪	两年亏损,资产缩水
60	000716	2007-05-08	南方控股	*ST 南控	两年亏损
61	000718	2003-04-24	吉林纸业	ST 吉纸	审计否定
62	000719	2005-11-14	焦作鑫安	ST 鑫安	经营受损
63	000722	2008-04-16	金果实业	*ST 金果	两年亏损
64	000725	2007-04-30	京东方A	*ST 东方A	两年亏损
65	000728	2007-03-28	S 京化二	S*ST 化二	两年亏损（调整）
66	000730	2003-05-12	环保股份	*ST 环保	资产缩水
67	000732	2006-06-13	福建三农	*ST 三农	两年亏损
68	000735	2007-04-27	罗牛山	*ST 罗牛	两年亏损
69	000736	2004-07-26	重庆实业	ST 重实	财务破产

续表

序号	证券代码	实施日期	变动前简称	变动后简称	变动原因
70	000738	2006-04-28	G南摩	G*ST南摩	两年亏损
71	000748	2006-03-31	长城信息	*ST信息	两年亏损
72	000750	2006-04-26	桂林集琦	*ST集琦	两年亏损
73	000757	2006-04-24	方向光电	*ST方向A	两年亏损
74	000760	2005-04-14	博盈投资	*ST博盈	两年亏损
75	000761	2003-06-27	本钢板材	ST板材	审计否定
76	000765	2003-04-28	华信股份	ST华信	两年亏损
77	000766	2004-04-12	通化金马	ST通金马	资产缩水
78	000769	2004-04-28	菲菲农业	*ST大菲	两年亏损
79	000776	2004-03-10	延边公路	*ST延路	两年亏损
80	000779	2006-04-21	三毛派神	*ST派神	两年亏损
81	000780	2006-11-01	草原兴发	*ST兴发	两年亏损
82	000783	2007-03-21	S石炼化	S*ST石炼	两年亏损
83	000787	2006-05-09	创智科技	*ST创智	两年亏损（调整）
84	000789	2006-04-26	江西水泥	*ST江泥	两年亏损
85	000791	2005-04-29	西北化工	*ST化工	两年亏损
86	000801	2003-03-26	四川湖山	ST湖山	两年亏损
87	000802	2004-03-30	京西旅游	*ST京西	两年亏损
88	000805	2004-06-17	炎黄物流	ST炎黄	审计否定
89	000809	2003-02-24	第一纺织	ST一纺	两年亏损
90	000813	2005-04-12	天山纺织	*ST天纺	两年亏损
91	000816	2004-04-26	江淮动力	*ST江力	两年亏损
92	000827	2004-01-15	长兴实业	*ST长兴	两年亏损（调整）
93	000832	2004-04-30	龙涤股份	*ST龙涤	两年亏损
94	000862	2005-04-27	吴忠仪表	*ST仪表	两年亏损
95	000863	2005-05-09	和光商务	ST商务	审计否定

续表

序号	证券代码	实施日期	变动前简称	变动后简称	变动原因
96	000880	2005-04-28	山东巨力	*ST 巨力	两年亏损
97	000887	2005-04-20	飞彩股份	ST 飞彩	经营受损
98	000892	2006-05-09	星美联合	ST 星美	审计否定
99	000906	2008-04-16	S 南建材	S*ST 建材	两年亏损
100	000918	2006-03-01	亚华控股	*ST 亚华	两年亏损
101	000920	2007-04-23	南方汇通	*ST 汇通	两年亏损
102	000922	2007-04-18	阿继电器	*ST 阿继	两年亏损
103	000925	2006-05-08	浙江海纳	*ST 海纳	两年亏损
104	000927	2003-04-29	一汽夏利	ST 夏利	两年亏损
105	000928	2006-04-26	吉林炭素	*ST 吉炭	两年亏损
106	000931	2004-04-27	中关村	*ST 中科	两年亏损
107	000935	2008-04-30	四川双马	*ST 双马	两年亏损
108	000950	2004-04-27	民丰农化	*ST 农化	两年亏损
109	000951	2003-04-11	小鸭电器	ST 小鸭	两年亏损
110	000965	2007-04-14	S 天水	S*ST 天水	两年亏损
111	000967	2006-04-17	上风高科	*ST 上风	两年亏损
112	000971	2008-04-14	湖北迈亚	*ST 迈亚	两年亏损
113	000979	2006-04-14	科苑集团	*ST 科苑	两年亏损
114	000980	2003-04-10	金马股份	ST 金马	两年亏损,资产缩水
115	000981	2007-04-30	S 兰光	SST 兰光	审计否定
116	000982	2007-04-13	S 圣雪绒	S*ST 雪绒	两年亏损
117	000993	2005-04-05	闽东电力	*ST 闽电	两年亏损
118	002075	2008-09-02	高新张铜	ST 张铜	财务破产
119	600003	2007-07-03	东北高速	ST 东北高	审计否定
120	600052	2007-04-24	浙江广厦	*ST 广厦	两年亏损
121	600053	2003-04-30	江西纸业	ST 江纸	两年亏损,资产缩水

续表

序号	证券代码	实施日期	变动前简称	变动后简称	变动原因
122	600057	2008-05-05	夏新电子	*ST 夏新	两年亏损（调整）
123	600065	2005-04-01	大庆联谊	*ST 联谊	两年亏损
124	600076	2006-04-21	青鸟华光	*ST 华光	两年亏损
125	600080	2007-04-17	金花股份	*ST 金花	两年亏损
126	600084	2007-04-27	新天国际	*ST 新天	两年亏损
127	600086	2005-03-29	多佳股份	*ST 多佳	两年亏损
128	600090	2003-11-25	啤酒花	ST 啤酒花	财务破产
129	600092	2005-05-09	精密股份	*ST 精密	两年亏损
130	600093	2006-04-25	禾嘉股份	*ST 禾嘉	两年亏损
131	600094	2007-05-08	华源股份	*ST 华源	两年亏损
132	600101	2007-05-08	明星电力	*ST 明星	两年亏损
133	600136	2006-05-09	道博股份	*ST 道博	两年亏损
134	600146	2005-02-24	大元股份	*ST 大元	两年亏损
135	600155	2007-02-16	宝硕股份	*ST 宝硕	财务破产
136	600156	2004-03-18	益鑫泰	*ST 鑫泰	两年亏损
137	600159	2003-07-01	宁城老窖	ST 宁窖	信息披露违规
138	600173	2006-04-25	牡丹江	*ST 丹江	两年亏损
139	600180	2008-06-27	九发股份	*ST 九发	两年亏损
140	600181	2005-05-10	云大科技	*ST 云大	两年亏损
141	600182	2003-04-28	桦林轮胎	ST 桦林	两年亏损
142	600187	2005-04-21	黑龙股份	*ST 黑龙	两年亏损
143	600190	2003-04-23	锦州港	ST 锦州港	权益缩水
144	600198	2007-04-30	大唐电信	*ST 大唐	两年亏损
145	600199	2005-04-20	金牛实业	*ST 金牛	两年亏损
146	600207	2007-05-08	安彩高科	*ST 安彩	两年亏损
147	600212	2008-04-15	江泉实业	*ST 江泉	两年亏损
148	600213	2005-04-27	亚星客车	*ST 亚星	两年亏损

续表

序号	证券代码	实施日期	变动前简称	变动后简称	变动原因
149	600217	2007-05-08	秦岭水泥	*ST 秦岭	两年亏损
150	600223	2007-04-13	万杰高科	*ST 万杰	两年亏损
151	600225	2006-04-28	天香集团	*ST 天香	两年亏损
152	600234	2003-04-17	天龙集团	*ST 天龙	两年亏损
153	600240	2004-04-26	仕奇实业	*ST 仕奇	两年亏损
154	600242	2006-05-09	华龙集团	*ST 华龙	两年亏损
155	600248	2006-05-09	秦丰农业	*ST 秦丰	两年亏损
156	600259	2006-05-09	兴业聚酯	*ST 聚酯	两年亏损
157	600275	2008-05-05	武昌鱼	*ST 昌鱼	两年亏损
158	600286	2005-05-10	国光瓷业	*ST 国瓷	两年亏损
159	600329	2008-04-02	中新药业	*ST 中新	两年亏损
160	600338	2003-08-29	珠峰摩托	ST 珠峰	审计否定
161	600369	2005-05-10	长运股份	*ST 长运	两年亏损
162	600372	2008-04-15	昌河股份	*ST 昌河	两年亏损
163	600381	2007-05-08	贤成实业	*ST 贤成	两年亏损
164	600385	2003-04-09	山东金泰	ST 金泰	资产缩水
165	600386	2007-04-23	北京巴士	*ST 北巴	两年亏损
166	600401	2008-04-29	江苏申龙	*ST 申龙	两年亏损
167	600419	2006-05-09	新疆天宏	*ST 天宏	两年亏损
168	600421	2008-05-05	国药科技	ST 国药	审计否定
169	600429	2006-05-08	G 三元	G*ST 三元	两年亏损
170	600462	2007-04-24	石岘纸业	*ST 石岘	两年亏损
171	600466	2007-05-08	迪康药业	*ST 迪康	两年亏损
172	600503	2004-02-05	宏智科技	ST 宏智	信息披露违规
173	600515	2005-05-10	第一投资	ST 一投	审计否定
174	600516	2006-04-26	海龙科技	*ST 海龙	两年亏损
175	600552	2007-05-08	方兴科技	*ST 方兴	两年亏损

续表

序号	证券代码	实施日期	变动前简称	变动后简称	变动原因
176	600556	2007-05-08	北生药业	ST 北生	审计否定
177	600568	2007-04-19	潜江制药	*ST 潜药	两年亏损
178	600576	2006-03-27	庆丰股份	*ST 庆丰	两年亏损
179	600579	2007-05-08	黄海股份	*ST 黄海	两年亏损
180	600599	2007-04-27	浏阳花炮	*ST 花炮	两年亏损
181	600604	2008-03-18	二纺机	*ST 二纺机	两年亏损
182	600608	2007-05-08	S 沪科技	S*ST 沪科	两年亏损
183	600610	2007-05-08	S 中纺机	S*ST 中纺	两年亏损
184	600613	2003-05-12	永生数据	*ST 永生	两年亏损
185	600614	2006-05-09	三九发展	*ST 发展	两年亏损
186	600615	2003-05-12	丰华股份	*ST 丰华	两年亏损
187	600645	2006-05-09	望春花	*ST 春花	两年亏损
188	600656	2006-05-09	华源制药	*ST 华药	两年亏损（调整）
189	600657	2006-04-28	青鸟天桥	*ST 天桥	两年亏损
190	600659	2004-12-08	闽越花雕	*ST 花雕	两年亏损
191	600672	2003-04-30	英豪科教	ST 英教	资产缩水，权益缩水
192	600681	2004-04-26	万鸿集团	*ST 万鸿	两年亏损
193	600691	2004-04-21	林凤控股	*ST 林控	两年亏损
194	600695	2003-04-29	大江股份	ST 大江	两年亏损，权益缩水
195	600699	2007-04-25	辽源得亨	/*ST 得亨	两年亏损（调整）
196	600700	2004-04-28	数码测绘	*ST 数码	两年亏损
197	600703	2006-05-08	天颐科技	*ST 天颐	两年亏损（调整）
198	600705	2006-04-11	北亚集团	*ST 北亚	两年亏损
199	600706	2007-04-25	长安信息	*ST 长信	两年亏损

续表

序号	证券代码	实施日期	变动前简称	变动后简称	变动原因
200	600711	2006-05-08	雄震集团	*ST 雄震	两年亏损
201	600714	2007-03-27	金瑞矿业	*ST 金瑞	两年亏损
202	600716	2007-04-30	耀华玻璃	*ST 耀华	两年亏损
203	600721	2006-05-09	百花村	*ST 百花	两年亏损
204	600722	2007-05-08	沧州化工	*ST 沧化	两年亏损
205	600728	2006-05-09	新太科技	*ST 新太	两年亏损
206	600734	2006-05-09	实达集团	*ST 实达	两年亏损
207	600735	2004-04-23	兰陵陈香	*ST 陈香	两年亏损,权益缩水
208	600738	2003-04-25	兰州民百	ST 民百	两年亏损
209	600745	2006-04-28	天华股份	*ST 天华	两年亏损
210	600749	2003-03-10	西藏圣地	ST 藏圣地	两年亏损,资产缩水
211	600751	2003-06-30	天津海运	ST 天海	审计否定
212	600752	2004-05-11	哈慈股份	*ST 哈慈	两年亏损
213	600757	2007-05-08	华源发展	*ST 源发	两年亏损
214	600758	2003-05-08	金帝建设	*ST 金帝	两年亏损
215	600760	2003-03-14	山东黑豹	ST 黑豹	两年亏损
216	600762	2005-03-30	金荔科技	ST 金荔	经营停顿
217	600767	2005-04-26	运盛实业	*ST 运盛	两年亏损
218	600771	2008-04-30	东盛科技	ST 东盛	审计否定
219	600772	2005-05-10	石油龙昌	ST 龙昌	审计否定
220	600773	2006-05-08	西藏金珠	*ST 金珠	两年亏损
221	600776	2004-04-26	东方通信	*ST 东信	两年亏损
222	600781	2003-04-30	民丰实业	ST 民丰	两年亏损,资产缩水
223	600784	2003-03-03	鲁银投资	ST 鲁银	两年亏损
224	600788	2004-05-10	达尔曼	ST 达尔曼	两年亏损,审计否定

续表

序号	证券代码	实施日期	变动前简称	变动后简称	变动原因
225	600792	2008-04-01	马龙产业	*ST 马龙	两年亏损
226	600800	2006-07-03	天津磁卡	*ST 磁卡	信息披露违规
227	600807	2003-03-07	济南百货	ST 济百	两年亏损,资产缩水
228	600828	2007-04-24	成商集团	*ST 成商	两年亏损
229	600844	2004-05-10	大盈股份	*ST 大盈	两年亏损
230	600847	2003-05-19	万里电池	ST 渝万里	资产缩水
231	600852	2004-04-27	中川国际	*ST 中川	两年亏损
232	600854	2007-04-30	春兰股份	*ST 春兰	两年亏损
233	600864	2004-05-10	岁宝热电	ST 岁宝	审计否定
234	600868	2008-05-05	梅雁水电	*ST 梅雁	两年亏损
235	600869	2004-04-21	三普药业	*ST 三普	两年亏损
236	600870	2008-05-05	厦华电子	*ST 厦华	两年亏损
237	600873	2003-02-21	西藏明珠	*ST 明珠	两年亏损
238	600878	2003-04-30	北大科技	ST 北科	两年亏损,资产缩水
239	600886	2003-03-10	国投电力	ST 华靖	两年亏损
240	600890	2006-04-21	中房股份	*ST 中房	两年亏损
241	600891	2003-05-12	秋林集团	*ST 秋林	两年亏损
242	600892	2004-04-23	湖大科教	*ST 湖科	两年亏损,资产缩水
243	600984	2007-04-06	建设机械	*ST 建机	两年亏损
244	600988	2007-04-27	东方宝龙	*ST 宝龙	两年亏损

第4章：104家摘帽公司

序号	证券代码	戴帽时间	摘帽时间	序号	证券代码	戴帽时间	摘帽时间
1	000011	2008-04-16	2009-09-16	27	000748	2006-03-31	2007-04-04
2	000040	2003-04-18	2005-05-26	28	000760	2005-04-14	2006-07-05
3	000049	2004-02-11	2005-03-16	29	000761	2003-06-27	2004-05-10
4	000058	2007-04-27	2009-06-30	30	000766	2004-04-12	2006-08-04
5	000100	2007-05-08	2008-03-28	31	000776	2004-03-10	2005-03-04
6	000150	2007-04-04	2008-05-15	32	000780	2006-11-01	2009-03-25
7	000413	2007-04-11	2008-04-23	33	000783	2007-03-21	2007-12-27
8	000418	2003-04-30	2004-05-12	34	000789	2006-04-26	2007-04-06
9	000537	2004-05-10	2005-05-19	35	000791	2005-04-29	2007-03-09
10	000540	2006-04-25	2007-06-08	36	000801	2003-03-26	2006-06-30
11	000552	2004-04-30	2006-06-26	37	000802	2004-03-30	2006-04-13
12	000569	2007-04-17	2008-07-16	38	000809	2003-02-24	2005-04-04
13	000570	2003-04-11	2004-04-05	39	000813	2005-04-12	2006-03-16
14	000578	2006-05-09	2009-04-10	40	000816	2004-04-26	2005-04-22
15	000596	2005-07-01	2007-03-21	41	000862	2005-04-27	2007-05-14
16	000628	2008-04-22	2009-05-12	42	000880	2005-04-28	2008-06-02
17	000632	2006-05-09	2007-05-14	43	000887	2005-04-20	2008-03-07
18	000635	2003-04-15	2004-03-26	44	000906	2008-04-16	2009-04-03
19	000650	2005-03-29	2008-02-26	45	000920	2007-04-23	2008-08-06
20	000655	2006-05-09	2007-02-12	46	000925	2006-05-08	2009-06-05
21	000683	2005-04-25	2006-06-13	47	000927	2003-04-29	2004-05-13
22	000692	2007-04-17	2010-04-23	48	000928	2006-04-26	2009-05-19
23	000695	2003-02-18	2005-04-05	49	000931	2004-04-27	2005-05-13
24	000725	2007-04-30	2008-04-18	50	000935	2008-04-30	2010-11-01
25	000728	2007-03-28	2007-10-30	51	000950	2004-04-27	2007-04-09
26	000735	2007-04-27	2008-05-27	52	000951	2003-04-11	2005-03-22

续表

序号	证券代码	戴帽时间	摘帽时间	序号	证券代码	戴帽时间	摘帽时间
53	000965	2007-04-14	2008-05-09	79	600386	2007-04-23	2008-03-27
54	000967	2006-04-17	2007-08-24	80	600429	2006-05-08	2008-04-29
55	000980	2003-04-10	2005-04-07	81	600466	2007-05-08	2009-03-19
56	000982	2007-04-13	2008-06-18	82	600516	2006-04-26	2008-03-07
57	000993	2005-04-05	2006-07-07	83	600552	2007-05-08	2008-04-07
58	002075	2008-09-02	2011-04-08	84	600568	2007-04-19	2009-08-27
59	600052	2007-04-24	2008-06-13	85	600576	2006-03-27	2007-06-01
60	600086	2005-03-29	2006-06-05	86	600599	2007-04-27	2008-06-18
61	600093	2006-04-25	2007-08-24	87	600613	2003-05-12	2006-01-11
62	600101	2007-05-08	2008-03-13	88	600614	2006-05-09	2008-03-06
63	600136	2006-05-09	2009-08-19	89	600657	2006-04-28	2009-04-10
64	600146	2005-02-24	2006-04-26	90	600703	2006-05-08	2009-01-23
65	600156	2004-03-18	2005-04-21	91	600716	2007-04-30	2010-04-02
66	600159	2003-07-01	2006-04-21	92	600734	2006-05-09	2009-05-21
67	600173	2006-04-25	2008-02-28	93	600738	2003-04-25	2005-04-11
68	600182	2003-04-28	2005-03-21	94	600745	2006-04-28	2009-04-22
69	600190	2003-04-23	2004-03-19	95	600749	2003-03-10	2004-04-22
70	600198	2007-04-30	2009-06-05	96	600767	2005-04-26	2007-07-03
71	600199	2005-04-20	2007-05-15	97	600776	2004-04-26	2005-05-17
72	600212	2008-04-15	2009-07-03	98	600784	2003-03-03	2004-03-16
73	600213	2005-04-27	2008-05-09	99	600792	2008-04-01	2011-11-01
74	600223	2007-04-13	2010-03-11	100	600828	2007-04-24	2008-05-30
75	600240	2004-04-26	2005-03-18	101	600864	2004-05-10	2004-08-09
76	600248	2006-05-09	2009-04-10	102	600869	2004-04-21	2005-06-08
77	600329	2008-04-02	2009-04-24	103	600873	2003-05-12	2005-03-22
78	600372	2008-04-15	2011-06-03	104	600886	2003-03-10	2004-02-04

第 4 章：120 家未摘帽公司

序号	证券代码	序号	证券代码	序号	证券代码
1	000004	41	000738	81	600556
2	000005	42	000750	82	600579
3	000007	43	000757	83	600604
4	000008	44	000779	84	600608
5	000010	45	000787	85	600610
6	000020	46	000805	86	600615
7	000034	47	000863	87	600645
8	000035	48	000892	88	600656
9	000038	49	000918	89	600681
10	000048	50	000922	90	600691
11	000156	51	000971	91	600695
12	000403	52	000979	92	600699
13	000408	53	000981	93	600705
14	000409	54	600053	94	600706
15	000430	55	600057	95	600711
16	000506	56	600076	96	600714
17	000509	57	600080	97	600721
18	000517	58	600084	98	600722
19	000529	59	600090	99	600728
20	000555	60	600094	100	600735
21	000561	61	600155	101	600751
22	000587	62	600180	102	600757
23	000605	63	600187	103	600758
24	000622	64	600207	104	600760
25	000631	65	600217	105	600762
26	000633	66	600225	106	600771
27	000657	67	600234	107	600773
28	000672	68	600242	108	600781
29	000673	69	600259	109	600800
30	000681	70	600275	110	600807
31	000688	71	600338	111	600844
32	000691	72	600369	112	600847
33	000693	73	600381	113	600854
34	000710	74	600385	114	600868
35	000716	75	600401	115	600870
36	000718	76	600419	116	600890
37	000719	77	600421	117	600891
38	000722	78	600462	118	600892
39	000732	79	600503	119	600984
40	000736	80	600515	120	600988

第4章：20家退市公司

序号	证券代码	戴帽时间	退市时间
1	000621	2003-04-29	2004-09-27
2	000660	2003-05-12	2004-09-13
3	000730	2003-05-12	2004-09-24
4	000765	2003-04-28	2005-07-04
5	000769	2004-04-28	2005-09-21
6	000827	2004-01-15	2005-09-21
7	000832	2004-04-30	2006-06-29
8	600003	2007-07-03	2010-02-26
9	600065	2005-04-01	2007-12-07
10	600092	2005-05-09	2006-11-30
11	600181	2005-05-10	2007-06-01
12	600286	2005-05-10	2007-05-31
13	600659	2004-12-08	2006-03-23
14	600672	2003-04-30	2005-08-05
15	600700	2004-04-28	2005-09-20
16	600752	2004-05-11	2005-09-22
17	600772	2005-05-10	2006-11-30
18	600788	2004-05-10	2005-03-25
19	600852	2004-04-27	2005-09-16
20	600878	2003-04-30	2004-09-15

第5章：208家外部重组样本公司

序号	证券代码	重组选择	是否摘帽	序号	证券代码	重组选择	是否摘帽
1	000004	支持性重组	N	31	000569	支持性重组	Y
2	000007	支持性重组	N	32	000570	支持性重组	Y
3	000008	支持性重组	N	33	000578	放弃式重组	Y
4	000010	支持性重组	N	34	000587	支持性重组	N
5	000011	支持性重组	Y	35	000596	支持性重组	Y
6	000020	支持性重组	N	36	000605	支持性重组	N
7	000034	支持性重组	N	37	000622	放弃式重组	N
8	000035	支持性重组	N	38	000628	支持性重组	Y
9	000038	支持性重组	N	39	000631	支持性重组	N
10	000040	支持性重组	Y	40	000633	支持性重组	N
11	000048	支持性重组	N	41	000635	支持性重组	N
12	000049	放弃式重组	Y	42	000650	放弃式重组	Y
13	000058	支持性重组	Y	43	000655	放弃式重组	Y
14	000100	支持性重组	Y	44	000672	支持性重组	N
15	000150	放弃式重组	Y	45	000673	支持性重组	N
16	000156	支持性重组	N	46	000681	支持性重组	N
17	000403	支持性重组	N	47	000683	放弃式重组	Y
18	000408	支持性重组	N	48	000688	支持性重组	N
19	000409	放弃式重组	N	49	000691	支持性重组	N
20	000413	支持性重组	Y	50	000692	支持性重组	Y
21	000430	支持性重组	N	51	000693	支持性重组	N
22	000506	放弃式重组	N	52	000695	支持性重组	Y
23	000509	支持性重组	N	53	000710	支持性重组	N
24	000517	支持性重组	N	54	000716	支持性重组	N
25	000529	放弃式重组	N	55	000718	放弃式重组	N
26	000537	放弃式重组	Y	56	000719	支持性重组	N
27	000540	放弃式重组	Y	57	000722	支持性重组	N
28	000552	支持性重组	Y	58	000725	支持性重组	Y
29	000555	支持性重组	N	59	000728	放弃式重组	Y
30	000561	支持性重组	N	60	000732	放弃式重组	N

续表

序号	证券代码	重组选择	是否摘帽	序号	证券代码	重组选择	是否摘帽
61	000735	支持性重组	Y	98	000979	支持性重组	N
62	000736	支持性重组	N	99	000980	支持性重组	Y
63	000738	支持性重组	N	100	000981	支持性重组	N
64	000748	支持性重组	Y	101	000982	放弃式重组	Y
65	000750	支持性重组	N	102	000993	支持性重组	Y
66	000757	支持性重组	N	103	002075	放弃式重组	Y
67	000760	支持性重组	Y	104	600052	支持性重组	Y
68	000766	放弃式重组	Y	105	600053	放弃式重组	Y
69	000776	支持性重组	Y	106	600057	支持性重组	N
70	000779	支持性重组	N	107	600076	放弃式重组	N
71	000780	放弃式重组	Y	108	600080	支持性重组	N
72	000783	放弃式重组	Y	109	600084	支持性重组	N
73	000787	放弃式重组	N	110	600086	支持性重组	Y
74	000789	支持性重组	Y	111	600090	放弃式重组	N
75	000791	支持性重组	Y	112	600094	放弃式重组	N
76	000801	支持性重组	Y	113	600136	支持性重组	Y
77	000802	放弃式重组	Y	114	600146	支持性重组	Y
78	000809	放弃式重组	Y	115	600155	放弃式重组	Y
79	000862	放弃式重组	Y	116	600156	支持性重组	Y
80	000863	支持性重组	N	117	600159	放弃式重组	Y
81	000880	支持性重组	Y	118	600173	支持性重组	Y
82	000887	放弃式重组	Y	119	600180	放弃式重组	N
83	000892	支持性重组	N	120	600182	放弃式重组	Y
84	000906	放弃式重组	Y	121	600187	支持性重组	N
85	000918	放弃式重组	N	122	600190	支持性重组	Y
86	000920	支持性重组	Y	123	600198	支持性重组	Y
87	000922	放弃式重组	N	124	600199	支持性重组	Y
88	000925	支持性重组	Y	125	600207	支持性重组	N
89	000927	支持性重组	Y	126	600212	支持性重组	Y
90	000928	支持性重组	Y	127	600213	放弃式重组	Y
91	000931	支持性重组	Y	128	600217	支持性重组	Y
92	000935	支持性重组	Y	129	600223	放弃式重组	Y
93	000950	放弃式重组	Y	130	600225	支持性重组	N
94	000951	放弃式重组	Y	131	600234	支持性重组	N
95	000965	放弃式重组	Y	132	600240	支持性重组	Y
96	000967	放弃式重组	Y	133	600242	放弃式重组	N
97	000971	支持性重组	N	134	600248	放弃式重组	Y

续表

序号	证券代码	重组选择	是否摘帽	序号	证券代码	重组选择	是否摘帽
135	600259	放弃式重组	N	172	600705	支持性重组	N
136	600275	支持性重组	N	173	600706	支持性重组	N
137	600329	支持性重组	Y	174	600711	支持性重组	N
138	600338	支持性重组	N	175	600714	支持性重组	N
139	600369	支持性重组	N	176	600716	放弃式重组	Y
140	600372	支持性重组	Y	177	600721	支持性重组	N
141	600381	支持性重组	N	178	600722	放弃式重组	N
142	600385	放弃式重组	N	179	600728	放弃式重组	N
143	600386	支持性重组	Y	180	600734	放弃式重组	Y
144	600401	支持性重组	N	181	600735	支持性重组	N
145	600419	支持性重组	N	182	600738	放弃式重组	Y
146	600421	支持性重组	N	183	600749	放弃式重组	Y
147	600429	支持性重组	Y	184	600757	支持性重组	N
148	600462	支持性重组	N	185	600758	放弃式重组	N
149	600466	放弃式重组	Y	186	600760	放弃式重组	N
150	600503	支持性重组	N	187	600767	放弃式重组	Y
151	600515	放弃式重组	N	188	600771	支持性重组	N
152	600516	放弃式重组	Y	189	600773	支持性重组	N
153	600552	支持性重组	Y	190	600776	支持性重组	Y
154	600556	支持性重组	N	191	600781	放弃式重组	N
155	600568	放弃式重组	Y	192	600784	支持性重组	Y
156	600576	放弃式重组	Y	193	600792	放弃式重组	Y
157	600579	支持性重组	N	194	600800	支持性重组	N
158	600599	支持性重组	Y	195	600807	支持性重组	N
159	600604	支持性重组	N	196	600828	支持性重组	Y
160	600608	支持性重组	N	197	600844	支持性重组	N
161	600610	支持性重组	N	198	600847	放弃式重组	N
162	600613	放弃式重组	Y	199	600854	支持性重组	N
163	600614	支持性重组	N	200	600868	支持性重组	N
164	600615	支持性重组	N	201	600869	支持性重组	Y
165	600645	放弃式重组	N	202	600870	支持性重组	N
166	600656	放弃式重组	N	203	600873	放弃式重组	Y
167	600657	放弃式重组	Y	204	600890	支持性重组	N
168	600691	支持性重组	N	205	600891	放弃式重组	N
169	600695	支持性重组	N	206	600892	支持性重组	N
170	600699	支持性重组	N	207	600984	支持性重组	N
171	600703	放弃式重组	Y	208	600988	支持性重组	N

第5章：12家内部重组公司

序号	证券代码	序号	证券代码	序号	证券代码
1	000005	5	000805	9	600101
2	000418	6	000813	10	600681
3	000632	7	000816	11	600864
4	000761	8	600093	12	600886

第6章 2007—2009年被ST公司样本106家

序号	证券代码	公司简称	实施年度	序号	证券代码	变动后简称	实施年度
1	600101	*ST 明星	2007	28	600579	*ST 黄海	2007
2	600552	*ST 方兴	2007	29	600608	S*ST 沪科	2007
3	000725	*ST 东方A	2007	30	600722	*ST 沧化	2007
4	600671	ST 天目	2007	31	000681	ST 远东	2007
5	000100	*ST TCL	2007	32	600556	ST 北生	2007
6	000799	S*ST 酒鬼	2007	33	600381	*ST 贤成	2007
7	600599	*ST 花炮	2007	34	600716	*ST 耀华	2007
8	000735	*ST 罗牛	2007	35	600854	*ST 春兰	2007
9	600828	*ST 成商	2007	36	000981	SST 兰光	2007
10	600052	*ST 广厦	2007	37	000605	*ST 四环	2007
11	600386	*ST 北巴	2007	38	000048	*ST 康达	2007
12	000920	*ST 汇通	2007	39	600084	*ST 新天	2007
13	000569	*ST 长钢	2007	40	600988	*ST 宝龙	2007
14	000545	*ST 吉药	2007	41	600699	*ST 得亨	2007
15	000413	*ST 宝石A	2007	42	600706	*ST 长信	2007
16	600466	*ST 迪康	2007	43	600462	*ST 石岘	2007
17	000058	*ST 赛格	2007	44	000007	ST 达声	2007
18	600198	*ST 大唐	2007	45	000498	*ST 丹化	2007
19	600568	*ST 潜药	2007	46	000922	*ST 阿继	2007
20	600139	*ST 绵高	2007	47	000692	*ST 惠天	2007
21	600003	ST 东北高	2007	48	600080	*ST 金花	2007
22	000716	*ST 南控	2007	49	600223	*ST 万杰	2007
23	600094	*ST 华源	2007	50	000982	S*ST 雪绒	2007
24	600757	*ST 源发	2007	51	000965	S*ST 天水	2007
25	600207	*ST 安彩	2007	52	600984	*ST 建机	2007
26	600217	*ST 秦岭	2007	53	000150	S*ST 光电	2007
27	600610	S*ST 中纺	2007	54	000673	*ST 大水	2007

续表

序号	证券代码	公司简称	实施年度	序号	证券代码	变动后简称	实施年度
55	000008	*ST 宝投	2007	81	600876	*ST 洛玻	2008
56	000728	S*ST 化二	2007	82	600604	*ST 二纺机	2008
57	600714	*ST 金瑞	2007	83	600793	*ST 宜纸	2008
58	000783	S*ST 石炼	2007	84	600185	*ST 海星	2009
59	000430	S*ST 张股	2007	85	600887	*ST 伊利	2009
60	600155	*ST 宝硕	2007	86	000036	*ST 华控	2009
61	000628	*ST 高新	2008	87	000518	*ST 生物	2009
62	000011	S*ST 物业	2008	88	600701	*ST 工新	2009
63	000906	S*ST 建材	2008	89	600115	ST 东航	2009
64	600212	*ST 江泉	2008	90	000751	*ST 锌业	2009
65	600329	*ST 中新	2008	91	600253	*ST 天方	2009
66	000935	*ST 双马	2008	92	000585	*ST 东电	2009
67	002075	ST 张铜	2008	93	600340	*ST 国祥	2009
68	600180	*ST 九发	2008	94	000586	*ST 汇源	2009
69	600057	*ST 夏新	2008	95	600898	*ST 三联	2009
70	600868	*ST 梅雁	2008	96	600633	*ST 白猫	2009
71	600275	*ST 昌鱼	2008	97	600678	ST 金顶	2009
72	600870	*ST 厦华	2008	98	600727	*ST 鲁北	2009
73	600421	ST 国药	2008	99	000955	*ST 欣龙	2009
74	600771	ST 东盛	2008	100	000720	*ST 能山	2009
75	600401	*ST 申龙	2008	101	600130	*ST 波导	2009
76	000657	*ST 中钨	2008	102	000995	*ST 皇台	2009
77	000722	*ST 金果	2008	103	000576	*ST 甘化	2009
78	600372	*ST 昌河	2008	104	000697	*ST 偏转	2009
79	000971	*ST 迈亚	2008	105	600591	*ST 上航	2009
80	600792	*ST 马龙	2008	106	600506	*ST 香梨	2009

参考文献

[1] Altman, E. Financial ratios, discriminate analysis and prediction of corporate bankruptcy [J]. The Journal of Finance, 1968, 23 (4): 589-609.

[2] Aharony, J., Jones, C. An analysis of risk and return characteristics of corporate bankruptcy using capital market data [J]. The Journal of Finance, 1980, 35 (4): 1001-1016.

[3] Frydman H., Altman E., Kao D. Introducing recursive partitioning for financial classification: the case of financial distress [J]. The Journal of Finance, 1985, 40 (1): 269-291.

[4] Aziz, A., Emanuel, D., Lawson, G. Bankruptcy prediction- an investigation of cash flow based models [J]. Journal of Management Studies, 1988, 25 (5): 419 - 437.

[5] Aziz, A., Lawson, G. Cash flow reporting and financial distress models: testing of hypotheses [J]. Financial Management, 1989, 18 (1): 55-63.

[6] Harlan D. Platt, Marjorie B. Platt, Jon Gunnar Pedersen, Bankruptcy discrimination with real variables [J]. Journal of Business Finance & Accounting, 1994, 21 (4): 491-510.

[7] Cecilia W. Bankruptcy Prediction: The Case of the CLECS, American Journal of Business [J]. 2003, 18 (1): 71-82.

[8] Wruck, K. Financial distress, reorganization, and organizational efficiency [J]. Journal of Financial Economics, 1990, 27 (2): 419-444.

[9] Datta, S., Datta, M. Reorganization and financial distress: an empirical investigation [J]. Journal of Financial Research, 1995, 18, (1): 89-108.

[10] Ward, T., Foster, B. A note on selecting a response measure for financial distress [J]. Journal of Business Finance & Accounting, 1997, 24 (6): 869-879.

[11] Rose, S., Westerfield, R., Jaffe, J. Corporate finance (2nd ed) [M].

Homewood, IL. Irwin, 1990: 420-424.

[12] Turetsky, H., McEwen, R. An empirical investigation of firm longevity: a model of the exante predictors of financial distress [J]. Review of Quantitative Finance and Accounting, 2001, 16 (4): 323-343.

[13] Deakin, E. A discriminant analysis of predictors of business failure [J]. Journal of Accounting Research, 1972, 10 (1): 167-179.

[14] Blum, M. Failing company discriminant analysis [J]. Journal of Accounting Research, 1974, 12 (1): 1-25.

[15] Argenti, J. Corporate collapse: the cause and symptoms [M]. New York: John-Wiley, 1976: 193.

[16] Zmijewski, M. Methodological issues related to the estimation of financial distress prediction models' [J]. Journal of Accounting Research, 1984, 22 (Supplement): 59-82.

[17] Crapp, H. Stevenson, M. Development of a method to assess the relevant variables and the probability of financial distress [J]. Australian Journal of Management, 1987, 12 (2): 221-236.

[18] Chalos, P. Financial distress: a comparative study of individual, model and Committee Assessments [J]. Journal of Accounting Research, 1985, 23 (2): 527-543.

[19] DeAngelo, H. Dividend policy and financial distress: an empirical investigation of troubled NYSE firms [J]. The Journal of Finance, 1990, 45, (5): 1415-1431.

[20] Hill, N., Perry, S., Andes, S. Evaluating firms in financial distress: an event history analysis [J]. Journal of Applied Business Research, 1996, 12 (3): 60-71.

[21] Kahya, E., Theodossiou, P. Predicting corporate financial distress: A time-series cusum methodology [J]. Review of Quantitative Finance and Accouting, 1996, 13 (4): 323-345.

[22] Platt, H., Platt, M. Predicting corporate financial distress: reflections on choice-based sample bias [J]. Journal of Economics and Finance, 2002, 26 (2): 184-199.

[23] Altman, E., Haldeman, R. and Narayanan, P. Zeta analysis: a new model to identify bankruptcy risk of corporations [J]. Journal of Banking & Finance,

1977, 1 (1): 29-54.

[24] Shrieves, R. E., Stevens, D. L. Bankruptcy avoidance as a motive for merger [J]. Journal of Financial and Quantitative Analysis, 1979, 14 (3): 501-515.

[25] Taffler, R. J. The assessment of company solvency and performance using a statistical [J]. Accounting and Business Research, 1983, 13 (52): 295-308.

[26] Sudarsanam, S., Lai, J. Corporate Financial Distress and Turnaround Strategies: An Empirical Analysis [J]. British Journal of Management, 2001, 12 (3): 183-199.

[27] Amy Hing-Ling Lau, A five-state financial distress prediction model [J]. Journal of Accounting Research, 1987, 25 (1): 127-138.

[28] Altman, E. Corporate financial distress and bankruptcy: a complete guide to predicting & avoiding distress and profiting from bankruptcy [M]. New York: John Wiley & Sons, 1993: 384.

[29] Morris, R. Early warning indicators of corporate failure: a critical review of previous research and further empirical evidence [M]. United Kingdom: Ashgate Publishing Limited, 1997: 438.

[30] Jones, S. Hensher, D. Predicting firm financial distress: a mixed logit model [J]. The Accounting Review, 2004, 79 (4): 1011-1038.

[31] Bibeault, D. Corporate governance: how managers turn losers into winners [M]. New York: Mc-Graw-Hill, 1982.

[32] Hong, S. The Outcome of Bankruptcy: Model and Empirical Test [R]. University of California, Berkeley, 1984.

[33] Robbins, D., Pearce, J. Turnaround: retrenchment and recovery [J]. Strategic Management Journal, 1992, 13 (4): 287-309.

[34] Yehning, C., Weston, J. F., Altman, E. I. Financial distress and restructuring models [J]. Financial Management, 1995, 24 (2): 57-75.

[35] Chatterjee, S., Dhillon, U., Ramirez, G. Resolution of financial distress: debt restructurings via chapter 11 prepackaged bankruptcies and workouts [J]. Financial Management, 1996, 25 (1): 5-18.

[36] Ashta, A., Tolle, L. Criteria for selecting restructuring strategies for distressed or declining enterprises [R/OL]. http://papers.ssrn.com/sol3/papers, Working Paper, 2004.

[37] Lai, J., Sudarsanam, S. Corporate restructuring in response to performance decline: impact of ownership, governance and lenders [J]. European Finance Review, 1997, 1 (2): 197-233.

[38] Barker, V., Patterson, P., Mueller, G. Organizational causes and strategic consequences of the extent of top management team replacement during turnaround attempts [J]. Journal of Management Studies, 2001, 38, (2): 235-270.

[39] DeAngelo, H., DeAngelo, L., Wruck, K. Asset liquidity, debt covenants and managerial discretion in financial distress: the collapse of L. A. Gear [J]. Journal of Financial Economics, 2002, 64 (3): 3-34.

[40] Lasfer, M., Remer, L. Corporate financial distress and recovery: the UK evidence [R/OL]. http://papers.ssrn.com/sol3/papers.cfm?abstract_id=1704411, Working Paper, 2010.

[41] Franks, J., Sussman, O. Financial distress and bank restructuring of small to medium size UK companies [J]. Review of Finance, 2005, 9 (1): 65-96.

[42] Shleifer, A., Vishny, R. Large shareholders and corporate control [J]. Journal of Political Economy, 1986, 94 (3): 461-488.

[43] La Porta, R., Lopez-de-Silane, F., Shleifer, A., Vishny, R. Law and finance [J]. Journal of Political Economy, 1998, 106 (6): 1113-1155.

[44] Ming, J., Wong, T. J. Earnings management and tunneling through related party transactions: evidence from Chinese corporate groups [C]. EFA 2003 Annual Conference Paper, No. 549, June 2003.

[45] Jianping, D., Jie, G., Jia, H. A dark side of privatization: creation of large shareholders and expropriation [R], Chinese University of Hong Kong, January 2006.

[46] Johnson, S., La Porta, R., Lopez-d-Silanes, F., Shleifer, A. Tunneling [J]. American Economic Review, 2000, 90 (2): 22-27.

[47] La Porta, R., Lopez-de-Silane, F., Shleifer, A., Vishny, R. Legal determinations of external finance, Journal of Finance, 1997, 52 (3): 1131-1150.

[48] La Porta, R., Lopez-de-Silane, F., Shleifer, A. Corporate ownership around the world [J]. Journal of Finance, 1999, 54 (2): 471-517.

[49] Bae, K., Kim, K. J. Tunneling or value added? Evidence from mergers by Korean business groups [J]. The Journal of Finance, 2002, 57 (6): 2695-

2740.

[50] Friedman, E., Johnson, T., Mittton. Propping and tunneling [J]. Journal of Comparative Economics, 2003, (31): 732-750.

[51] Johnson, S., Boone, P., Breach, A. and Friedman, E. Corporate governance in the Asian financial crisis [J]. Journal of Financial Economics, 2000, 58 (1): 141-186.

[52] Modigliani, F., Miller, M. The cost of capital, corporation finance, and the theory of investment [J]. American Economic Review, June, 1958, 48 (3): 261-297.

[53] Baxter, N. D. Leverage risk of ruin and the cost of capital [J]. The Journal of Finance, 1967, 22 (3): 395-403.

[54] Ho, T., Saunders, A. The determinants of bank interest margins: theory and empirical evidence [J]. Journal of Financial and Quantitative Analyses, 1981, 16 (4): 581-600.

[55] Jensen, M., Meckling, W. Theory of the firm: managerial behavior, agency costs and ownership structure [J]. Journal of Finance Economics, 1976, 3 (4): 305-360.

[56] Altman, E., Haldeman, R. Corporate credit-scoring models: approaches and tests for successful implementation [J]. Journal of Commercial Lending, 1995, 77 (9): 273-311.

[57] Dodd, P., Richard, R. Tender offers and stockholder returns: an empirical analysis [J]. Journal of Financial Economics, 1977, 5 (3): 351-373.

[58] Chong-en, B., Qiao, L. and Frank, M. S. Bad news is good news: propping and tunneling evidence from china [R/OL]. http://www.hiebs.hku.hk/working_ paper_ updates/pdf, Working Paper, 2004.

[59] Polsiri, R., Wiwattanakantang, Y. Restructuring of family firms after the East-Asian financial crisis: shareholder expropriation or alignment [R/OL]. http://cei.ier.hit/paper, Working Paper, 2004.

[60] John K., Lang H. P., Netter J. The voluntary restructuring of large firms In response to performance decline [J]. The Journal of Finance, 1992, 47 (3): 891-917.

[61] Ofek, E. Capital structure and firm response to poor performance: An empirical analysis [J]. Journal of Financial Economics, 1993, 34 (1): 3-30.

[62] Kang, J. K. , Shivdasani, A. Corporate restructuring during performance declines in Japan [J]. Journal of Financial Economics, 1997, 46 (1): 29-65.

[63] Denis, D. J. , Kruse, T. A. Managerial discipline and corporate restructuring following performance declines [J]. Journal of Financial Economics, 2000, 55 (3): 391-424.

[64] Winnie, P. Q. , John, K. C. , Zhishu, Y. Tunneling or propping: evidence from connected transactions in China [J]. Journal of Corporate Finance, 2011, 17 (2): 306-325.

[65] Fitz Patrick, P. J. A comparison of the ratios of successful industrial enterprises with those of failed companies [M]. New York: The Certified Public Accountant, 1932.

[66] Amendola A, Bisogno M, Restaino M, Sensini, L. Forecasting corporate bankruptcy: empirical evidence on Italian data [J]. EuroMed Journal of Business, 2011, 6 (3): 294-312.

[67] Beaver, W. Financial ratios as predictors of failure [J]. Journal of Accounting Research, 1966, 4 (4): 71-111.

[68] Altman, E. , Haldeman, R. and Narayanan, P. Zeta analysis: a new model to identify bankruptcy risk of corporations [J]. Journal of Banking & Finance, 1977, 1 (1): 29-54.

[69] Altman, E. Predicting financial distress of companies: revisiting the Z-score and Zeta models [J]. http://www.pages.stern.nyu.edu/, working paper, 2000: 1-54.

[70] Hamer, M. Failure prediction: sensitivity of classification accuracy to alternative statistical methods and variable Sets, Journal of Accounting and Public Policy [J]. 1983, 2 (4): 289-307.

[71] Charles, E. , Geoffrey, G. , Swartz, L. An empirical comparison of bankruptcy models [J]. The Financial Review, 1998, 33 (2): 35-54.

[72] Ohlson, J. Financial ratios and the probabilistic prediction of bankruptcy [J]. Journal of Accounting research, 1980, 18 (1): 109-131.

[73] Lane, W. , Looney, S. , Wansley J. W. An application of the cox proportional hazards model to bank failure [J]. Journal of Banking & Finance, 1986, 10 (4): 511-531.

[74] Odom, M. , Sharda, R. A neural network model for bankruptcy prediction

[C]. Proceedings of the IEEE International Joint Conference on Neural Networks, 1990, 2: 163-168.

[75] Coats, P., Fant, L. Recognizing financial distress patterns using a neural network tool [J]. Financial Management, 1993, 22 (3): 142-155.

[76] Kahya, E. Predicting corporate financial distress: a time-series CUSUM methodology [J]. Review of Quantitative Finance and Accounting, 1999, 13 (4): 323-45.

[77] Shumway, T. Forecasting bankruptcy more accurately: A simple hazard model [J]. Journal of Business, 2001, 74 (1): 101-124.

[78] Arieh, A., Yigal, T. On the predictability and kibbutz financial distress: a principal component analysis with bootstrap confidence intervals [J]. Journal of Accounting, Auditing & Finance, 2001, 16 (1): 55-91.

[79] White, M. Economics of bankruptcy: liquidation and reorganization [R]. New York University, August 1981.

[80] White, M. Bankruptcy liquidation and reorganization: handbook of modern finance [M]. Boston: Warren, Gorham, and Lamont, 1984.

[81] Casey, C., Mcgee, C., Stiekney. Discriminating between reorganized and liquidated firms in bankruptcy [J]. The Accounting Review, 1986, 61 (2): 249-262.

[82] Gregory, K., Frederick, R., Uma, V. The relevance of stock and flow-based reporting information in assessing the likelihood of emergence from corporate financial distress [J]. Review of Quantitative Finance and Accounting, 2006, 26 (1): 5-22.

[83] Kang, G., Richardson, F., Graybeal, P. Recession-induced stress and the prediction of corporate failure [J]. Contemporary Accounting Research, 1996, 13 (2): 631-650.

[84] Kang, G., Richardson, F., Meade, N. Rank transformations and the prediction of corporate failure [J]. Contemporary Accounting Research, 1998, 15 (2): 145-166.

[85] Bryan, D., Tiras, S., Wheatley, C. The interaction of solvency with liquidity and its association with bankruptcy emergence [J]. Journal of Business Finance & Accounting, 2002, 29 (7): 935-965.

[86] Campbell, S. Predicting bankruptcy reorganization for closely held firms

[J]. Accounting Horizons, 1996, 10 (3): 12-25.

[87] Opler, T., Titman, S. Financial distress and corporate performance [J]. The Journal of Finance, 1994, 49 (3): 1015-1040.

[88] The Cadbury Committee. Financial aspects of corporate governance [R]. Report of the Cadbury Committee, December 1992.

[89] Daily, C., Dalton, D. Corporate governance and the bankrupt firm: An empirical assessment [J]. Strategic Management Journal, 1994, 15 (8): 643-654.

[90] La Porta, R., Lopez-de-Silane, F., Shleifer, A., Vishny, R. The quality of government [J]. The Journal of Law, Economics & Organization, 1999, 15 (1): 222-279.

[91] Elloumi, F., Pierre, J. Financial distress and corporate governance: an empirical analysis [J]. Corporate Governance, 2001, 1 (1):: 15-23.

[92] Lee, T., Hua, Y. Corporate Governance and Financial Distress: evidence from Taiwan [J]. Corporate Governance: An International Review, 2004, 12 (3): 378-388.

[93] Alpaslan, C., Green, S., Mitroff, L. Corporate governance in the context of crises: towards a stakeholder theory of crisis management [J]. Journal of Contingencies and Crisis Management, 2009, 17 (1): 38-49.

[94] Giovanna, M., Valentina, M. corporate governance in turnaround strategies: the definition of index of good governance and performance evidence [J]. GSTF Business Review, 2011 (1): 150-155.

[95] Claessens, S., Djankov, S., Lang, L. The separation of ownership and control in East Asian Corporations [J]. Journal of Financial Economics, 2000, 58 (1): 81-112.

[96] Lemmon, R., Lins, K. Ownership Structure, Corporate Governance, and Firm Value: Evidence from the East Asian Financial Crisis [J]. The Journal of Finance, 2003, 58 (4): 1445-1468.

[97] Filatotchev, Steve. Corporate governance and financial constraints on strategic turnarounds [J]. Journal of Management Studies, 2006, 43 (3): 407-433.

[98] Thain, D., Goldthorpe, R. Turnaround management: how to do it [J]. Business Quarterly, 1990, 54 (3): 39-47.

[99] Gilson, S. Management turnover and financial distress [J]. Journal of Fi-

nance of Economics, 1989, 25 (2): 241-262.

[100] Slatter, S., The impact of crisis on managerial behavior [J]. Business Horizons, 1984, 27 (3): 65-68.

[101] Castrogiovanni, G., Baliga, B., Roland E. Curing sick businesses: changing CEOS in turnaround efforts [J]. Academy of Management Perspect, 1992, 6 (3): 26-41.

[102] Starkey, K. How organizations learn: managing the search for knowledge [M]. London: International Thomson Business Press, 1996.

[103] Kow, G. Turning around business performance [J]. Journal of Change Management, 2004, 4 (4): 281-296.

[104] Clapham, S., Schwenk, C., Caldwell, C. CEO perceptions and corporate turnaround [J]. Journal of Change Management, 2005, 5 (4): 407-428.

[105] Murphy, K., Zimmerman, J. Financial performance surrounding CEO turnover [J]. Journal of Accounting and Economics, 1993, 16 (1): 273-315.

[106] Clayton, M., Hartzell, J., Rosenberg, J. The impact of CEO turnover on equity volatility [J]. The Journal of Business, 2005, 78 (5): 1779-1808.

[107] Barker, V., Duhaime, I. Strategic change in the turnaround process: theory and empirical evidence [J]. Strategic Management Journal, 1997, 18 (1): 13-38.

[108] Beeri, I. Turnaround management strategies and recovery in local authorities [D]. Cork: National University of Ireland, 2009.

[109] Robbins, D., Pearce, J. Turnaround: retrenchment and recovery [J]. Strategic Management Journal, 1992, 13 (4): 287-309.

[110] McKinley, W., Sanchez, C., Schick, A. Organizational downsizing: constraining, cloning, learning [J]. Academy of Management Perspect, 1995, 9 (3):32-42.

[111] Arogyaswamy, K., Barker, V., Ardekani, M. Firm turnarounds: an integrative two-stage model [J]. Journal of Management Studies, 1995, 32 (4): 493-525.

[112] Williamson, O. Markets and hierarchies: analysis and antitrust implications [M]. New York: Macmillian Publishing Co, Inc., 1975.

[113] Shirouzu, N., Zaun, T., Miller, S. Ford shake-up targets North America —reorganizations of management and brands are crucial to strategy for a turnaround

[N]. Wall Street Journal, 2002-8-22 (B3).

[114] George A. A '3Rs' strategy for public service turnaround: retrenchment, repositioning and reorganization [J]. Public Money & Management, 2004, 24 (2): 97-103.

[115] Balcaen, S., Ooghe, H. Alternative methodologies in studies on business failure: do they produce better results than the classical statistical methods [R/OL]. http://libra.msra.cn, Working Paper, 2004.

[116] 吴世农, 黄世忠. 企业破产的分析指标和预测模型 [J]. 中国经济问题, 1987 (6): 8-15.

[117] 吕长江, 周现华. 上市公司财务困境预测方法的比较研究 [J]. 吉林大学社会科学学报, 2005 (6): 101-111.

[118] 刘建勇, 朱学义, 吴江龙. 大股东资产注入: 制度背景与动因分析 [J]. 经济与管理研究, 2011 (2): 5-11.

[119] 谷祺, 刘淑莲. 财务危机企业投资行为分析与对策 [J]. 会计研究, 1999 (10): 28-31.

[120] 杨继伟. 上市公司财务困境成因与成本实证研究 [D], 大连: 东北财经大学硕士论文, 2007.

[121] 赵丽琼. 我国财务困境公司重组帽绩效实证研究 [M]. 北京: 经济科学出版社, 2010: 5.

[122] 赵冠华. 企业财务困境分析与预测方法研究 [D]. 天津: 天津大学博士论文, 2010.

[123] 傅荣, 吴世农. 我国上市公司经营失败风险的判定分析——BP神经网络模型和Fisher多类线性判定模型 [J]. 东南学术, 2002 (2): 71-79.

[124] 刘景瑞, 李伯圣, 张福康. 财务失败企业决策行为畸变问题研究 [J]. 管理世界, 2002 (9): 151-152.

[125] 吕长江, 韩慧博. 财务困境、财务困境间接成本与公司业绩 [J]. 南开管理评论, 2004 (3): 80-85.

[126] 吕长江, 徐丽莉, 周琳. 上市公司财务困境与财务破产的比较分析 [J]. 经济研究, 2004 (8): 64-73.

[127] 李秉祥. 基于期望违约率模型的上市公司财务困境预警研究 [J]. 中国管理科学, 2004 (5): 13-17.

[128] 章之旺. 预期财务困境成本在债务违约预测模型中的信息含量[J]. 数量经济技术经济研究, 2008 (3): 149-160.

[129] 陈静. 上市公司财务恶化预测的实证分析 [J]. 会计研究, 1999 (4): 31-38.

[130] 乔卓, 乔铧. 上市公司财务困境预测模型实证研究 [J]. 财经科学, 2002 (S2): 397-399.

[131] 章之旺. 现金流量在财务困境预测中的信息含量实证研究——来自2003-2004年度ST公司的新证据 [J]. 中国管理科学, 2004 (6): 24-29.

[132] 张培莉, 蒋燕妮. 退市风险警示与财务困境 [C]. 中国会计学会高等工科院校分会2005年学术年会暨第十二届年会论文集, 合肥: 合肥工业大学, 2005.

[133] 孙铮, 贺建刚. 中国会计研究发展: 基于改革开放三十年视角 [J]. 会计研究, 2008 (7): 9-17.

[134] 赵国忠. 上市公司财务困境研究 [M]. 北京: 北京大学出版社, 2009: 18.

[135] 吴世农, 章之旺. 我国上市公司的财务困境成本及其影响因素分析 [J]. 南开管理评论, 2005 (3): 102-106.

[136] 吕峻. 基于非财务指标的财务困境预测及征兆分析——来自于制造业上市公司的实证研究 [J]. 中国社会科学院研究生院学报, 2006 (2): 54-60.

[137] 鲜文铎, 向锐. 基于混合Logit模型的财务困境预测研究 [J]. 数量经济技术经济研究, 2007 (9): 69-77.

[138] 田菁. 财务困境公司预警问题的股权结构视角再探讨 [J]. 现代财经, 2008 (11): 81-86.

[139] 潘越, 戴亦一, 李财喜. 政治关联与财务困境公司的政府补助——来自中国ST公司的经验证据 [J]. 南开管理评论, 2009 (5): 8-19.

[140] 廖义刚, 张玲, 谢盛纹. 制度环境、独立审计与银行贷款——来自我国财务困境上市公司的经验证据 [J]. 审计研究, 2010 (2): 64-71.

[141] 徐全华, 王华, 梁权熙. 会计稳健性、财务困境与公司风险转移 [J]. 当代财经, 2011 (9): 106-118.

[142] 章铁生, 徐德信, 余浩. 证券发行管制下的地方"护租"与上市公司财务困境风险化解 [J]. 会计研究, 2012 (8): 43-50.

[143] 赵丽琼, 柯大刚. 股权结构特征与困境公司恢复——基于中国上市公司的实证分析 [J]. 经济与管理研究, 2008 (9): 32-37.

[144] 赵丽琼. 高管报酬激励与困境公司的恢复 [J], 经济研究导刊,

2010 (36): 128-131.

[145] 路璐. 上市公司治理结构对财务困境恢复影响的分析 [D]. 中国科学技术大学硕士论文, 2010.

[146] 颜秀春, 徐晞. 后金融危机时代财务困境企业解困的路径选择[J]. 统计与决策, 2012 (4): 186-188.

[147] 曹思源. 企业破产案创14年最低的反思 [J]. 沪港经济, 2010 (2): 19-19.

[148] 陈晓, 陈治鸿. 企业财务困境研究的理论、方法及应用 [J]. 投资研究, 2000 (6): 26-27.

[149] Weston 等.《兼并、重组与公司控制》[M]. 北京: 中国经济科学出版社, 1998: 2.

[150] 张新. 并购重组是否创造价值?——中国证券市场的理论与实证研究 [J]. 经济研究, 2003 (6): 20-29.

[151] 陈惠谷, 张训苏. 资产经营与重组 [M]. 上海: 上海财经大学出版社, 1998: 10.

[152] 魏杰. 中国企业大趋势 [M]. 北京: 中国经济出版社, 1999: 1.

[153] 汤谷良. 企业重组与改制的财务设计 [M]. 杭州: 浙江人民出版社, 2001: 10.

[154] 万潮领. 沪深股票市场重组绩效研究 [N]. 中国证券报, 2001-01-09 (15).

[155] 朱宝宪, 王怡凯. 1998年中国上市公司并购实践的效应分析 [J]. 经济研究, 2002 (12): 20-26.

[156] 李善民, 李珩. 中国上市公司资产重组绩效研究 [J]. 管理世界, 2003 (11): 126-134.

[157] 李秉祥. 我国上市ST公司财务危机的战略重组研究 [J]. 管理现代化, 2003 (3): 53-57.

[158] 杨天宇, 杨诶. 中国综合类上市公司盈利持续性研究 [J]. 湖北经济学院学报, 2009 (2) 77-82.

[159] 李孟鹏. 中国股市成年记: 1996年 [R/OL]. 中国经济网, http://finance.ce.cn/sub/stockage/. 2008.

[160] 吴世农, 卢贤义. 我国上市公司财务困境的预测模型研究 [J]. 经济研究, 2001 (6): 46-55.

[161] 倪中新, 张杨. 基于Cox比例危险模型的制造业财务困境恢复研究

[J]. 统计与信息论坛, 2012 (1): 15-20.

[162] 赵丽琼, 柯大钢. 我国财务困境公司恢复过程预测研究 [J]. 统计与决策, 2008 (14): 139-141.

[163] 过新伟, 胡晓. CEO 变更与财务困境恢复——基于 ST 上市公司"摘帽"的实证研究 [J]. 首都经济贸易大学学报, 2012 (3): 47-54.

[164] 董保国. 我国上市公司财务困境恢复研究因素研究 [D]. 厦门: 厦门大学, 2009.

[165] 尹斌. 我国上市公司财务困境恢复的影响因素研究 [J]. 会计之友, 2012 (6) (中): 74-77.

[166] 和丽芬, 朱学义, 苏海雁. 我国财务困境研究体系架构及展望[J]. 郑州大学学报: 哲学社会科学版, 2013 (5): 76-80.

[167] 侯晓红. IPO 制度与大股东资源侵占 [J]. 煤炭经济研究, 2007 (7): 28-31.

[168] 张新, 祝红梅. 内幕交易的经济学分析 [J]. 经济学季刊, 2003 (4): 71-96.

[169] 周俊生. 郭树清之问和 IPO 的制度困境 [N]. 国际金融报, 2012-02-13 (02).

[170] 吕长江, 赵宇恒. ST 公司重组的生存分析 [J]. 财经问题研究, 2007 (6): 86-91.

[171] 李哲, 何佳. 支持、重组与 ST 公司的"摘帽"之路 [J]. 南开管理评论, 2006 (6): 39-44.

[172] 马磊, 徐向艺. 中国上市公司控制权私有收益实证研究 [J]. 中国工业经济, 2007 (5): 56-63.

[173] 陈慧琴. 中国上市公司资产重组绩效之动态分析 [J]. 统计教育, 2006 (3): 30-33.

[174] 秦锋. ST 板块现状与出路探析 [J]. 改革与战略, 2000 (5): 17-21.

[175] 杨薇, 王伶. 关于 ST 公司扭亏的分析 [J]. 财政研究, 2002 (4): 79-81.

[176] 李秉祥. ST 公司债务重组存在的问题与对策研究 [J]. 当代经济科学, 2003 (5): 70-96.

[177] 赵丽琼. 财务困境公司的重组战略——基于中国上市公司的实证分析 [J]. 商业研究, 2009 (2): 193-196.

[178] 李增泉, 余谦, 王晓坤. 掏空、支持与并购重组——来自我国上市公司的经验证据 [J]. 经济研究, 2005 (1): 95-105.

[179] 侯晓红. 大股东对上市公司掏空与支持的经济学分析 [J]. 中南财经政法大学学报, 2006 (5): 120-124.

[180] 陈骏, 徐玉德. 并购重组是掏空还是支持——基于资产评估视角的经验研究 [J]. 财贸经济, 2012 (9): 78-86.

[181] 陈晓, 陈治鸿. 中国上市公司的财务困境预测 [J]. 中国会计与财务研究, 2000 (3): 55-92.

[182] 薛锋, 乔卓. 神经网络模型在上市公司财务困境预测中的应用[J]. 西安交通大学学报: 社会科学版, 2003 (2): 27-30.

[183] 陈磊, 任若恩. 基于比例危险和主成分模型的公司财务困境预测 [J]. 财经问题研究, 2007 (7): 95-98.

[184] 韩建光, 惠晓峰, 孙洁. 遗传算法选择性集成多分类器的企业财务困境预测 [J]. 系统工程, 2010 (8): 13-19.

[185] 孙洁, 李辉, 韩建光. 基于滚动时间窗口支持向量机的财务困境预测动态建模 [J]. 管理工程学报, 2010 (10): 178-184.

[186] 卢永艳. 上市公司财务困境风险的行业差异性研究 [J]. 宏观经济研究, 2012 (3): 80-84.

[187] 姜秀华, 孙铮. 治理弱化与财务危机: 一个预测模型 [J]. 南开管理评论, 2001 (5): 19-25.

[188] 沈艺峰, 张俊生. ST 公司董事会治理失败若干成因分析 [J]. 证券市场导报, 2002 (3): 9-23.

[189] 黄善东, 杨淑娥. 公司治理与财务困境预测 [J]. 预测, 2007 (2): 65-69.

[190] 赵丽琼, 张庆方. 董事会特征与困境公司的恢复——基于中国上市公司的实证分析 [J]. 工业技术经济, 2009 (8): 140-145.

[191] 王耀. 基于公司治理的我国上市公司财务困境研究 [D]. 中国矿业大学, 2010.

[192] 和丽芬, 朱学义, 杨世勇. 重组选择与财务困境恢复——基于2003-2011年沪深 A 股 ST 公司数据 [J]. 河北经贸大学学报, 2013 (5): 53-58.

[193] 方红星, 金玉娜. 高质量内部控制能抑制盈余管理吗?——基于自愿性内部控制鉴证报告的经验研究 [J]. 会计研究, 2011 (8): 55-62.

[194] 方红星, 张志平. 内部控制质量与会计稳健性——来自深市 A 股

公司2007—2010年年报的经验数据［J］.审计与经济研究，2012（9）：3-10.

［195］李万福，林斌，林东杰.内部控制能有效规避财务困境吗？［J］.财经研究，2012（1）：124-133.

［196］杨玉凤，王火欣，曹琼.内部控制信息披露质量与代理成本相关性研究——基于沪市2007年上市公司的经验数据［J］.审计研究，2010（1）：83-84.

［197］杨群辉，王玉蓉.公司内部控制质量对审计意见的影响——基于2009年我国上市公司数据的实证检验［J］.财会月刊，2011（11）（下）：77-78.

后　记

　　本书为笔者 2013 年承担的河北省社会科学基金项目研究成果。**项目编号：HB13GL035。**

　　本书由河北经贸大学会计学院河北省重点学科会计学学科建设基金资助。

　　感谢河北省社会科学基金和河北经贸大学会计学院对本书的资助，感谢西南财经大学出版社，感谢为本书的出版提供帮助的各位专家与学者。

和丽芬

2013 年 10 月